Hans Rosenthal

Das ist Spitze

Ein Bilder-Quiz zum Mitmachen

Hans Rosenthal

Das ist Spitze

Ein Bilder-Quiz zum Mitmachen

In Zusammenarbeit mit Erich Geiger

Freizeit-Studio
Kartographischer Verlag Busche GmbH · 4600 Dortmund

BILDNACHWEIS

Fotos

Umschlag: Fotografenteam Jürgen + Thomas
Bauer Verlag (2); DFVLR (3); dpa (11); Feature-Foto Service (1); Inter-Topics (12); Jahreszeiten Verlag (3); Keystone (5); Korenjak (1); Lindinger (5); Menzendorf (2); Müller (1); Reber 61); Sven Simon (2); Städel (1); Thomas Bilderdienst (6); Ullstein (34); Verkehrsamt Schwangau (1).

Zeichnungen

Rabausch (S. 10, 205, 206); Götze (S. 32).

Projektleitung und Gestaltung:
Wolfgang Glöss, Hamburg
Redaktion, Lektorat und Produktion:
Klaus-Dietrich Petersen, Hamburg
Umschlaggestaltung, Satz und Lithographie:
SDS Satz- und Druckservice GmbH, Hamburg
Druck: Fritz Busche Druckereigesellschaft mbH,
Dortmund

ISBN 3-88584-055-3

Inhalt

Es freut mich,

Ihnen hier einmal schwarz auf weiß zu begegnen, und ich bin gespannt, ob es mir gelingen wird, Sie auf andere Art und Weise zu unterhalten als gewohnt.

Das bedeutet:

Es soll ein Spielen von Mensch zu Mensch unter vier Augen werden und zwar so, daß es Ihnen auch ohne den berühmten heißen Draht zur Antenne, ohne meine Ihnen oft bestens bekannten Kandidaten und ohne Musik, Bewegung und Tricktechnik Vergnügen bereiten wird.

Natürlich hoffe ich, daß Sie vieles auch an Familie und Freunde weitergeben, um gemeinsam Spaß an der Lösung so mancher Frage oder Aufgabe zu bekommen, und daß Ihnen in diesem Buch — nicht anders als in meinen Sendungen — das eine oder andere „Licht aufgeht“, das Sie womöglich für längst erloschen hielten.

Ich möchte ganz einfach, daß wir uns in kleinstem wie in größerem Kreis mit ebenso lustig-skurrilen wie auch interessanten Fragen und Spielen beschäftigen.

„Beschäftigen“ bedeutet für mich jedoch nicht lediglich das Prüfen, inwieweit irgend jemand auf dem einen oder anderen Gebiet Bescheid weiß, sondern mich macht besonders glücklich, wenn ich dabei auf Menschen hinweisen kann, deren Tun und Handeln gleich ihrem Wirken und Schaffen einfach „Spitze“ waren.

Wie Sie sehen, spreche ich hier von zweierlei „Spitze“.

Es gibt schon tolle Sachen, und da ich seit jeher besonderes Vergnügen an allem Ausgefallenen und Ungewöhnlichen hatte, habe ich das Bedürfnis, Sie hier mit einigem von dem bekannt zu machen, was mir beim Zusammenstellen meiner Sendungen und dem Austüfteln so mancher Quizfragen und Spiele in die Hände kam, mit dem Wunsch, mein Buch möglichst bunt werden zu lassen.

Was Sie dazu mitbringen sollten, ist vor allem gute Laune, das setze ich einfach voraus.

Der Rest ist wenig: Bleistifte haben Sie bestimmt im Haus. Vielleicht auch einen Radiergummi, damit die anderen, die zusammen mit oder nach Ihnen in das Buch hineinschauen, nicht gleich auf den ersten Blick sehen, wo's langgeht.

Noch unproblematischer wird das Ganze mit Hilfe einiger Zettel vom Notizblock.

Natürlich möchten Sie jetzt endlich wissen, wie gut Sie selbst oder Ihre Kinder* oder Freunde nach Lösung der einzelnen Fragen oder Aufgaben jeweils waren.

Ich will jedoch aus meinem Buch jegliche (Fernseh-) Hektik verbannen, deshalb gibt es hier keine Stoppuhr-Aufgaben — nein, Sie sollen in Ruhe und Muße mit Spaß an die Aufgaben herangehen können.

Da aber kein Mensch zugleich Kandidat und Schiedsrichter in einer Person sein kann, habe ich mir als Wertmesser etwas Besonderes einfallen lassen:

das Kleeblatt.

Es ist eine der schönsten Schöpfungen unserer Natur und nicht ohne Grund ein Glückssymbol.

Wer einen Teil seiner Aufgabe löst, kann sich zur Belohnung ein Kleeblatt-Blatt gutschreiben. Bei zweifachem Erfolg bekommt er schon zwei Kleeblatt-Blätter, und dies führt über das dreiblättrige Kleeblatt auf der grünen Wiese bis hin zum vierblättrigen Glückskleeblatt, unserer **Spitze.**

Das Grundgerüst hierzu — falls Sie das Buch erst noch ein wenig schonen wollen — läßt sich auch mit wenigen Strichen auf einen Notizzettel zeichnen. Ein Strich waagerecht, ein weiterer senkrecht.

Und dann wird gemalt. Blatt für Blatt.

Es steht Ihnen frei, sich jeweils Ihren eigenen Fragenkomplex herauszupicken und dann mittels des Kleeblatt-Blätter-Systems einzeln zu bewerten. Sollten Sie mich jedoch das ganze Buch hindurch begleiten, finden Sie am Ende einige Seiten, worin Sie alle Ihre Einzelergebnisse eintragen können. Blatt für Blatt.

Und diese Blätter tausche ich Ihnen dann um. In Blumen. So können Sie eine grüne Wiese in ein wahres Blumenidyll verwandeln. Vielleicht sogar in ein „Rosental“, und das wäre Spitze.

Ich werde Ihnen den Weg dorthin noch ausführlich beschreiben.

Gefällt Ihnen meine Idee?

Schön, dann kann’s ja losgehen.

* Liebe Mädchen und Jungen,

auf Seite 202 findet Ihr ein Verzeichnis all der Aufgaben und Spiele, die Euch, nach meiner Erfahrung, wahrscheinlich am meisten Spaß bereiten werden. Außerdem verrate ich Euch dort, welche Preise ich mir speziell für Euch ausgedacht habe. Auf alle unter fünfzehn oder vierzehn Jahren warten sogar Sonderpreise! (Falls Eure Eltern mitmachen.)

Die Spielwährung

EIN Kleeblatt-Blatt

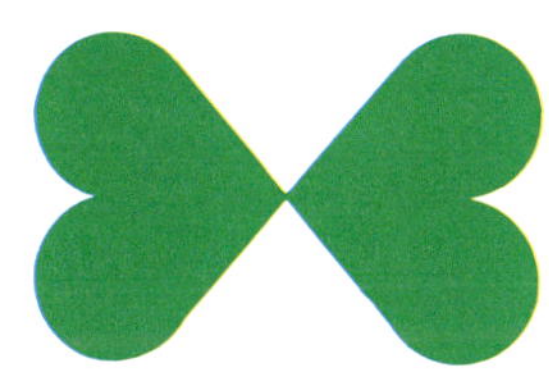

ZWEI Kleeblatt-Blätter

EIN Kleeblatt

EIN SPITZEN-Kleeblatt

Mein Korb mit Blumen

Gleich zu Beginn stehe ich schon vor dem ersten Problem.

Ich bin es einfach gewohnt, mit einem musikalischen Auftakt zu beginnen.

„Einstimmen“ nennt man das.

Doch wie bringt man Buchseiten zum Klingen?

Mit Hilfe von Notenlinien, sagte man mir.

Doch da fiel mir etwas völlig anderes ein.

Sehen Sie die vielen schönen Blumen hier?

Die schenke ich Ihnen.

Rosenthal ohne Blumen kann ich mir einfach nicht vorstellen.

Ihnen geht es da bestimmt nicht anders.

Und damit hätten wir bereits zwei Fliegen auf einen Schlag.

Prima!

Passen Sie auf:

Sie bekommen von mir als erstes diesen Korb mit liebevoll ausgewählten Blumen überreicht.

Und zu jeder einzelnen Blumengattung — wobei auch die verschiedenen Farben bisweilen eine große Rolle spielen können — gibt es bekannte Schlager oder Volkslieder.

Bitte schreiben Sie jetzt einfach auf, was so alles zu unseren Blumen im Korb passen könnte.

Für jeweils drei „blumige" Texte gibt es ein einzelnes Blättchen vom Kleeblatt zu gewinnen. Damit es zu einem Spitzenkleeblatt reicht, müssen Ihnen also

4 x 3 = 12

verschiedene Melodien einfallen.

Denken Sie einmal genau nach.

Viel Spaß!

Nun, ist es mir gelungen?

Ist die eine oder andere Melodie in Ihnen aufgeklungen?

Ja?

Fein. Dann hätte ich ja erreicht, was ich wollte.

Das zum Beispiel befand sich alles in meinem Melodienstrauß:

ROTE ROSEN, rote Lippen, roter Wein
und Italiens blaues Meer im Sonnenschein
1952 André Hoff / Michael Harden

Wenn der **WEISSE FLIEDER** wieder blüht
Fritz Rotter / Franz Doelle

Es blüht ein blaues Blüm'lein,
das heißt **VERGISSMEINNICHT**
1914 Haller Wolff / Walter Kollo

SCHWARZE ROSE, Rosemarie,
keine Rose blüht so wie sie
1961 Kurt Feltz / Werner Scharfenberger

ROTER MOHN, oh du blutroter Mohn,
wie mein Herz sollst du glüh'n
1938 Bruno Balz / Michael Jary

WEISSE ROSEN aus Athen
sagen dir: komm' recht bald wieder
1961 Hans Bradtke / Manos Hdjidakis

Wenn der Frühling kommt, dann schick ich dir
TULPEN aus Amsterdam
1956 Klaus Günther Neumann /
Ernst Bader / Ralf Arnie

Wenn die kleinen **VEILCHEN** blühen
1932 Robert Stolz

Ja, ja, so blau, blau, blau blüht der **ENZIAN**
Wenn beim Alpenglühn wir uns wiedersehen
1972 A. von Kleebsattel

Zwei **ROTE ROSEN,** ein zarter Kuß,
das ist noch immer der schönste Gruß
1926 Kurt Robitschek / Walter Kollo

Übers Jahr, wenn die **KORNBLUMEN** blühen,
komm' ich wieder, komm' ich wieder
1951 Ernst Baden / Werner Cypris

Sah ein Knab' ein **RÖSLEIN** stehn, **RÖSLEIN**
auf der Heiden
Volkslied. Text von Johann Wolfgang von Goethe

Drei **LILIEN,** drei **LILIEN,**
die pflanz' ich auf dein Grab
Volksweise

Schenkt man sich **ROSEN** in Tirol
aus Carl Zellers „Vogelhändler"

und zahlreiche andere mehr.

Wieviele haben Sie herausgefunden?
Drei? Vier? Fünf? Sechs? Sieben?

Hauptsache, Sie sind zufrieden.

Wertung

Für 3 · Für 6 · Für 9 · Für 12 und mehr

Wundern Sie sich nicht, daß diese Seite einen gelben Rahmen hat?

Nicht ohne Grund.

Dies hier ist ein farbiges Buch, und bunt verstreut werden Sie immer wieder auf bunte Seiten dieser Art stoßen.

GELB

bedeutet, daß ich Ihnen eine Frage stelle, bei der es darauf ankommt, ob Sie richtig geschätzt haben.

Mehrere Zahlen stelle ich Ihnen jedes Mal zur Auswahl. Wer genau getroffen hat, erhält ein Spitzenkleeblatt. Für die Zahl, die der richtigen am nächsten kommt, gibt es ein Kleeblatt auf der Wiese und so weiter und so weiter...

GRÜN

Hier sollen Sie herausbekommen, um wen oder was es sich jedesmal handelt. Treffen Sie's, gibt es ein Spitzenkleeblatt.

BLAU

Bei dieser Farbe erwartet Sie von mir eine Frage, wo es einzig und allein auf Ihre Entscheidung ankommt, ob das, was ich Sie da frage, überhaupt möglich ist.

Hier meine erste **GELBE** Frage:

Sie wissen doch, was Wasserskifahren ist, und haben bestimmt schon erlebt, wie Leute auf schmalen Brettern über's Wasser gezogen wurden (falls Sie nicht sogar selbst diesem Sport huldigen).

Meistens gibt es da ein Boot pro Person. Aber Motorboote verbrauchen bekanntlich viel Treibstoff, und so hat man begonnen, mehrere Wasserskifahrer zugleich von einem Boot über die Wellen ziehen zu lassen.

Was denken Sie?

Wieviele solcher Wassersportler kann ein einziges Boot gleichzeitig ziehen?

20 **35** **42** **50** **60** **68**

Ein tolles Bild. Oder etwa nicht?

Um Ihnen das Zählen zu ersparen, will ich Ihnen die exakte Zahl verraten:

Fünfzig sind's.

Und wieviel schätzten Sie?

Es war einmal

Lassen Sie sich bitte von mir nicht täuschen. Hier warten keine Märchenspiele auf Sie, sondern märchenhafte Karrieren.

Sie erinnern sich vielleicht — vor allem in Amerika — mußte nahezu jeder wirklich große Mann fast immer als Tellerwäscher, Heizer oder Holzfäller angefangen haben. So bekam ich es jedenfalls in zahlreichen Filmen, vor allem aus den dreißiger und vierziger Jahren vorgeführt.

Inzwischen dürfte das Tellerwäscherbild, schon auf Grund der technischen Revolution im Küchenbereich (Geschirrspülmaschine u.a.), ein wenig verblaßt sein.

Geblieben ist die Tatsache, daß es eine große Anzahl von Persönlichkeiten gibt, denen es gelang, die von mir erwähnte Spitze zu erreichen, obgleich dies am Anfang ihres Berufsweges überhaupt nicht zu erwarten war. Denken Sie doch nur einmal an die wirklich schwachen Schüler wie Albert Einstein, Richard Wagner, Thomas Alva Edison oder Wilhelm Busch, die es später zu Weltgeltung brachten.

Auf den folgenden Seiten sehen Sie Bilder von „Spitzenleuten". Jeder von ihnen hatte, bevor er „oben" anlangte, einen völlig anderen Beruf.

Ich nenne Ihnen hier nun alphabetisch diese 16 Namen und — gleichfalls alphabetisch, also keinesfalls passend — ihre 16 früheren Berufe.

Bitte versuchen Sie herauszubekommen, wer von dieser Prominentenliste auf welchem Bild zu finden ist, und welcher frühere Beruf wohl zu ihm passen dürfte.

Nicht ganz einfach.

Doch vergessen Sie nicht: Ausnahmsweise geht notfalls auch das Kombinieren über das Studieren.

Darf ich also bitten, es einmal zu probieren?

Für jeweils zwei „Treffer" (bei meinen Freunden unter sechzehn gilt die Hälfte) erhalten Sie ein Kleeblatt-Blatt.

NAMEN

Josephine Baker (1906-1975)
Nachtklubtänzerin (Folies-Bergère, Paris)

Alfred Döblin (1878-1957)
Schriftsteller („Berlin Alexanderplatz“)

Albert Einstein (1879-1955)
Physiker. Nobelpreisträger (Relativitätstheorie)

Gerald R. Ford (1913)
38. Präsident der USA

Clark Gable (1901-1960)
Amerikanischer Filmschauspieler („Vom Winde verweht“)

Paul Gaugin (1848-1903)
Französischer Maler (Bilder von Tahiti)

E. T. A. Hoffmann (1776-1812)
Deutscher Dichter (Phantastische Erzählungen)

Franz Kafka (1883-1924)
Deutscher Schriftsteller („Das Schloß“)

Golda Meir (1898-1978)
Premierministerin von Israel

Marilyn Monroe (1926-1962)
Amerikanische Filmschauspielerin („Blondinen bevorzugt“)

Isabel Peron (1919-1952)
Staatspräsidentin von Argentinien

Elvis Presley (1935-1977)
Amerikanischer Rockstar

Freddy Quinn
Deutscher Schlagersänger

Ronald Reagan
40. Präsident der USA

Harry S. Truman (1884-1972)
33. Präsident der USA

Tennessee Williams (1911-1983)
Amerikanischer Dramatiker („Endstation Sehnsucht“)

BERUFE

Angestellter im Patentamt

Arbeiterin in einer Munitionsfabrik

Börsenmakler

Dressman = Fotomodell für männliche Oberbekleidung

Filmschauspieler

Herrenausstatter (angeblich Krawattenverkäufer)

Holzfäller

Kammerzofe

Kassenarzt

Kulissenmaler im Theater (aber auch Kapellmeister und Regierungsrat)

Lastwagenfahrer

Lehrerin

Nachtklubtänzerin

Schuhverkäufer

Seemann

Versicherungsagent

Das ist sie war

Das ist er war

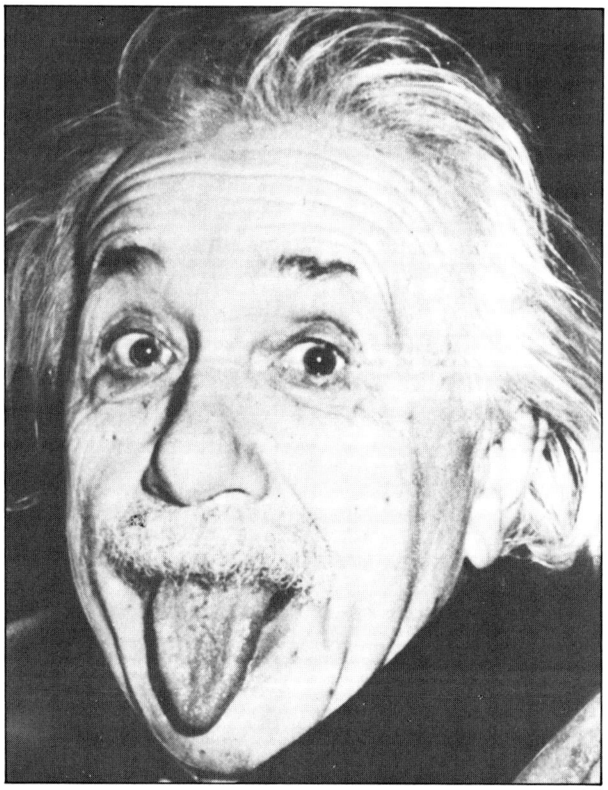

Das ist er war

Das ist er war

Das ist er war

Das ist er war

Das ist er war

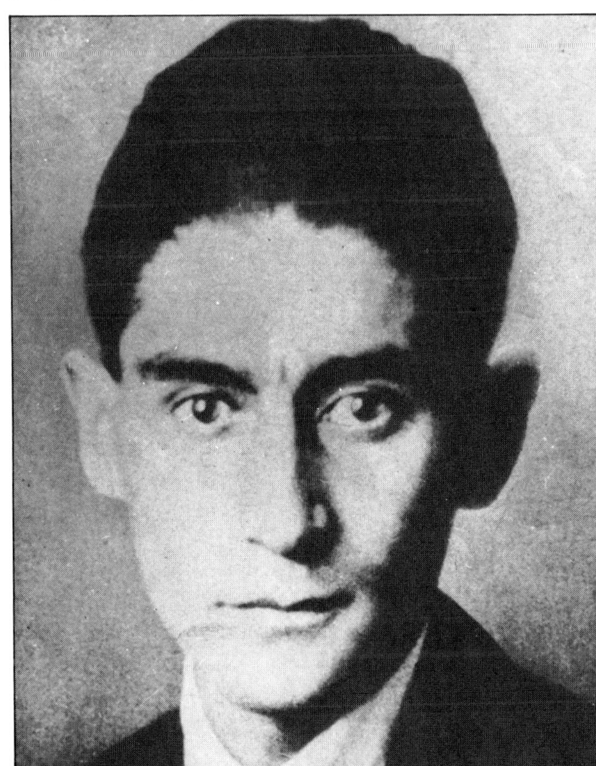

Das ist er war

Das ist sie war

Das ist sie war

Das ist sie war

Das ist er war

Das ist er war

Das ist er war

Das ist er war

Das ist er war

Lösung

Bitte seien Sie nicht unzufrieden, falls Sie nicht alles exakt herausgefunden haben sollten.

Mir wäre das auch nicht gelungen.

Für alles Lösungen zu finden, war auch nicht der Sinn dieser Seiten. Es ging mir vornehmlich darum, auf das Ungewöhnliche so mancher Lebensläufe hinzuweisen und Sie an Menschen zu erinnern, von denen man zu leicht geneigt ist anzunehmen, daß sie „das Glück mit dem Löffel gefressen" hätten.

Josephine Baker
Kammerzofe

Alfred Döblin
Kassenarzt

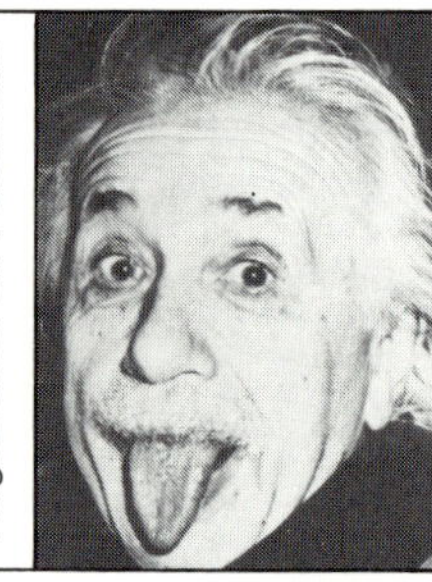

Albert Einstein
Angestellter im Patentamt

Gerald R. Ford
Dressman

Clark Gable
Holzfäller

Paul Gaugin
Börsenmakler

E. T. A. Hoffmann
Kulissenmaler im Theater

Franz Kafka
Versicherungsagent

Golda Meir
Lehrerin

Marilyn Monroe
Arbeiterin in einer Munitionsfabrik

Isabel Peron
Nachtklubtänzerin

Elvis Presley
Lastwagenfahrer

Freddy Quinn
Seemann

Ronald Reagan
Filmschauspieler

Harry S. Truman
Herrenausstatter

Tennessee Williams
Schuhverkäufer

Wertung

3 Richtige — 5 Richtige — 10 Richtige — 12 Richtige

Mit den Kopfhörern auf unserem Bild wird nicht „heiße Musik" gehört.

Diese Kopfhörer gehören vielmehr zum Handwerks- (oder vielmehr Kopfwerks-) Zeug eines jeden Fernsehmoderators.

Wir haben noch ein anderes Bild auf dieser Seite. Königin Elisabeth II., wie Sie bestimmt auf den ersten Blick erkannt haben.

Und jetzt meine Frage:

Weshalb empfing die Dame auf dem einen Bild den Herren auf dem anderen in Privataudienz?

Sein Name lautet: Edson Arantes de Nascimento.

(Übrigens ist er auch vom Papst in Privataudienz empfangen worden.)

Und falls Sie von allein dahinterkommen sollten, was es damit auf sich hat, winkt Ihnen ein schönes frisches Kleeblatt-Blatt.

Hier handelt es sich um den bereits zu Lebzeiten zur Legende gewordenen Fußballstar

Pelé

Sein Vertrag mit dem Fußballclub „Cosmos" New York mit einem garantierten Jahreseinkommen von 4,7 Millionen Dollar dürfte ihn seinerzeit wohl zum höchstbezahlten Mannschaftssportler der Welt gemacht haben.

Und wenn man hierzu noch die Einnahmen aus der Werbung rechnet...

Kein Wunder, daß so manche Größe unserer Welt erpicht darauf war, diesen prominenten Fußballstar persönlich kennenzulernen.

Falls Sie von allein daraufgekommen sein sollten:

Ein **SPITZEN-Kleeblatt.**

MÄRCHENQUIZ

Ich bin überzeugt, daß nahezu jeder von uns einmal Märchen vorgelesen bekam oder selbst mit Begeisterung verschlungen hat, und ich glaube kaum, daß man die Märchenwelt seiner Kindheit jemals voll und ganz vergessen kann.

Bitte lassen Sie uns gemeinsam einen Spaziergang durch das Märchenreich unternehmen. Damit wir uns gleich richtig verstehen: Hier handelt es sich ausschließlich um Märchen und nicht um Sagen oder Fabeln.

(In einem reichlich angestaubten „Lexicon" fand ich folgendes unter dem Stichwort „Märchen": *„Das Besondere an Märchen ist, daß es sich hierbei um Unterhaltungslektüre handelt, worin sich ständig neue phantastisch wunderbare Begebenheiten ereignen, im Gegensatz zur Sage, die Glauben erfordert und zur Fabel, in der Tiere zu Vorbildern für uns Menschen werden.")*

Auf diesem Gebiet lasse ich Sie mit Vergnügen gleich zwei Spitzenkleeblätter gewinnen (für den Fall, daß Sie zweimal vier richtige Antworten bereit haben sollten). Meine vier ersten Fragen lauten:

1. Bitte nennen Sie mir ohne allzulanges Überlegen vier Personen, die Titelfiguren von Märchen sind, wie „Das tapfere Schneiderlein" oder „Dornröschen".
2. Nennen Sie mir desgleichen vier einzeln auftretende Tierfiguren aus dem Märchenland.
3. Und jetzt vier Tiergruppen, die ausschließlich gemeinsam aufzutreten pflegten.
4. Und zum Schluß vier fantastische Sachen, deren Tun unabhängig von Menschen war. Als kleine Hilfe: Die meisten der bekannten Märchen wurden zu einer Zeit geschrieben oder gesammelt, als es weder Dampfmaschinen noch Elektrizität gab.

Haben Sie alles fein säuberlich notiert? Gut. Dann also zu meinen zweiten vier Fragen:

1. Wie heißt das bekannteste Geschwisterpaar der deutschen Volksmärchen?
2. Nennen Sie mir doch bitte vier Märchen, in deren Titel der Name eines der beiden Geschwister (auch leicht abgewandelt) auftaucht.
3. Fallen Ihnen auf Anhieb vier gruselige Zauberwesen ein, die so manchen Märchen den besonderen Reiz verleihen?
4. Wie heißt das begehrteste Märchen(ferien)land? Falls Ihnen dieser Name nicht gleich einfallen sollte: Was ist das besonders Märchenhafte an der Zahl „drei"?

Hat es mit der Erinnerung so einigermaßen geklappt? — Wenn Ihnen die eine oder andere Märchenfigur doch allzu sehr Kopfzerbrechen bereitet haben sollte (es wäre wirklich schade, wegen einer einzigen Kleinigkeit es nicht bis zur Spitze gebracht zu haben), biete ich Ihnen hier zwei Ersatzfragen an, um sie gegebenenfalls mit der einen oder anderen der obigen Fragen auszutauschen:

1. Können Sie mir vier bekannte Märchen*dichter* nennen, also vier Schriftsteller, die Märchen nicht gehört und aufgeschrieben, sondern selbst erfunden haben?
2. Wie Sie ja wissen, haben die Gebrüder Grimm die schönsten deutschen Volksmärchen gesammelt. Können Sie mir Ihre Vornamen nennen?

Hoffentlich erwarten Sie jetzt nicht, daß ich Ihnen alle mir bekannten Märchen aufzähle. Ich habe jeweils vier gewünscht, und vier nenne ich, finde aber unzählige andere gleichfalls wunderschön.

Damit Sie mich richtig verstehen:

Mir geht es in diesem Buch nicht immer einzig und allein darum, wer am meisten weiß. Dann hätte ich die ersten vier Fragen auch anders gestellt und darum gebeten, *alle* Märchen aufzuschreiben, die Ihnen zu den einzelnen Fragen einfallen. Und Sieger wäre dann der, der die längste Liste vorzuweisen hat. — Nein!

Ich wollte Sie nur ganz leise daran erinnern, daß es dieses märchenhafte Literaturgebiet noch immer gibt. Trotz Krimi und Science fiction (ohne gegen letztere etwas sagen zu wollen).

Lösung der ersten Aufgabe:

Zum Beispiel:
1. „Aschenputtel", „Der standhafte Zinnsoldat", „Die Prinzessin auf der Erbse", „Schneewittchen".
2. „Der gestiefelte Kater", „Froschkönig", „Vogel Greif", „Das häßliche Entlein".
3. „Die Bremer Stadtmusikanten", „Der Wolf und die sieben Geißlein", „Die sieben Raben", „Die wilden Schwäne".
4. „Tischlein deck' dich", „Die roten Schuhe", „Der Stein der Weisen", „Knüppel aus dem Sack".

Wer eine ähnliche Lösung auf seinem Zettel stehen hat, gewinnt bereits das erste Spitzenkleeblatt.

Wertung

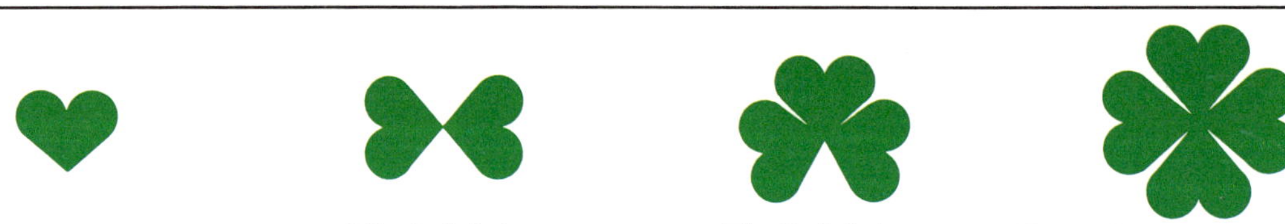

Für **1** richtige | Für **2** richtige | Für **3** richtige | Für **4** richtige Antworten

Lösung der zweiten Aufgabe:

1. Natürlich „Hänsel und Gretel".
2. „Tölpel Hans", „Hans im Glück", „Eisenhans", „Der starke Hans".
3. Fee, Riese, Drache, Zwerge.
4. Schlaraffenland oder „Die *drei* Wünsche".

Wertung

Für **1** richtige | Für **2** richtige | Für **3** richtige | Für **4** richtige Antworten

Ersatzfragen:

1. Zum Beispiel: Hans Christian Andersen (1805-1875)
   E. T. A. Hoffmann (1776-1822)
   Wilhelm Hauff (1802-1827)
   Ludwig Bechstein (1801-1860), der nicht nur Märchen schrieb, sondern auch sammelte
2. *Jakob* Grimm (1785-1863)
   Wilhelm Grimm (1786-1859)

Traumhafte Ausflüge

Um Ausflüge machen zu können, braucht der Mensch bekanntlich sogenannte „Fortbewegungsmittel", und das Nächstliegendste hierzu sind natürlich seine beiden Beine. Doch auf die Dauer genügten ihm diese nicht, und so begann er auf Vierfüßler umzusteigen. Aber das alles war für ihn lediglich ein Notbehelf, denn von Urzeiten an träumte der Mensch davon, nicht auf seine eigenen oder fremde Füße angewiesen zu sein, sondern sich schwerelos durch die Lüfte und frei über oder durch das Wasser bewegen zu können. Diese Träume stachelten seinen Erfindergeist an, und so erfand er als erstes das Rad, was ihn schließlich bis zum Flugzeug, dem Unterseeboot und der Rakete brachte.

Ich will hier jedoch keine kulturgeschichtliche Abhandlung über die Entwicklung des menschlichen Transportwesens schreiben, sondern Ihnen lediglich einen kleinen Anstoß geben, einmal darüber nachzudenken, was sich die menschliche Fantasie in Märchen, Fabeln und Sagen, in Mythos und Überlieferung alles hat einfallen lassen, diesen seinen Träumen Ausdruck zu geben.

Bitte nennen Sie mir alles, was Ihnen so einfällt, womit man sich „fortzubewegen" versuchte. Angefangen von geflügelten Menschenwesen bis hin zum Schwan, der Lohengrins Nachen die Schelde entlangzog.

Meine einzige Bedingung: Es muß außergewöhnlich sein.

Was die Bewertung Ihrer Sammlertätigkeit betrifft, gibt es für jeweils zwei solcher ausgefallenen Fortbewegungsmittel ein Kleeblatt-Blatt.

Bei acht hätten Sie es also zum Spitzenkleeblatt gebracht.

Sollten Sie zu mehreren sein, ist Sieger, wer als erster seine acht beisammen hat.

Zu diesem Thema ist mir zum Beispiel folgendes eingefallen:

Der fliegende Teppich
(aus den Märchen von „1001 Nacht")

Die Flügel des Ikarus
(aus der griechischen Mythologie)

Die Flügel des Pegasus
(ebenfalls aus Griechenland)

Das Gespensterschiff des „fliegenden Holländers"
(kommt aus Skandinavien)

Die Wildgans des „Nils Holgerson"
(ebenfalls aus dem Norden)

Der Besenstil
(auf dem bekanntlich die Hexe aus „Hänsel und Gretel" reitet)

Die Kanonenkugel
(auf der Baron von Münchhausen über den Wolken schwebte)

Der Maikäfer
(mit dem sich „Peterchen" auf seine Fahrt zum Mond begibt)

Der Bauch des Walfisches
(in dem sich „Jonas" angeblich wohlfühlte)

Der Stier
(der „Europa" entführte)

Der fliegende Koffer
(der in einem Märchen eine große Rolle spielt)

Die Siebenmeilenstiefel und, und, und...

und natürlich erhebe ich hierbei (wie bei allen ähnlichen Aufgaben in meinem Buch) keinerlei Anspruch auf Vollständigkeit.

Oder möchten Sie mich etwa als „wandelndes Lexikon" betrachten?

Ein herzliches Dankeschön für Ihr „nein".

Wertung

Für zwei — Für vier — Für sechs — Für acht

Halten Sie es für möglich, daß ein Hund so an seinem Herrchen hängt, daß er mit ihm sogar baden geht?

Mehr noch: Taucht.

Richtig tief ins Wasser mit voller Taucherausrüstung (angefangen von der Brille bis zur Weste).

Und daß er unter Wasser sogar mit seinem Schwanz wedelt?

ja? **nein?**

Mutley

Das ist „Mutley“, ein Mischlingsrüde.

Sein Besitzer, Gene Alba aus Kalifornien, behauptet steif und fest, sein Mutley würde auch unter Wasser vergnügt mit dem Schwanz wedeln.

Richtig getippt

Für Kinder

(aber nicht nur für Kinder).

Ich habe für Euch hier ein Straßenbild zeichnen lassen, bei dem einiges nicht so richtig läuft. Ihr versteht. Da werden Fehler gemacht.

Insgesamt sind es genau acht.

Und diese bitte ich Euch herauszufinden.

Für je zwei von Euch entdeckte Fehler gibt es ein Kleeblatt-Blatt als Finderlohn.

Für diejenigen unter Euch, die noch keine zwölf sind, schlage ich das Doppelte vor.

Haltet Ihr das nicht auch für fair?

Ihr seid doch bestimmt mit mir derselben Meinung, daß auf dieser Straße eine ganze Menge hätte passieren können, und um Unfälle zu vermeiden, gibt es eben die Verkehrsregeln. Natürlich ist es herrlich, freihändig auf dem Fahrrad an einem kleinen Jungen mit dem Roller vorbeizuradeln. Aber damit hat schon manches Unglück angefangen.

1. Tretroller gehören nun einmal nicht auf die Straße.

2. Freihändig fährt man bestenfalls auf dem Hof oder dem Sportplatz (falls dadurch niemand anderes behindert wird), doch niemals auf der Straße.

3. Das Mädchen vorn links fährt auf der falschen Straßenseite. Nämlich links. Oberstes Gesetz: Alle Fahrzeuge haben sich stets auf der rechten Fahrbahnseite zu halten.

4. Bei „rot" läuft man nicht über den Zebrastreifen. Auch ein kleiner Junge nicht. Der Ball gehört ohnehin nicht auf die Straße.

5. Das Mädchen oben im Bild fährt zwar rechts, aber auf dem Bürgersteig, und der ist ausschließlich für die Fußgänger bestimmt.

6. Oben rechts wirft ein Junge Papier auf die Straße. Das tut man nicht. Erst recht nicht, wenn sich direkt vor der Nase ein Papierkorb befindet.

7. Auch Erwachsene verhalten sich falsch. (Leider!) Der Fahrer im Kombiwagen hätte niemals seine Bretter ungesichert (also nicht festgebunden) hinten in den Wagen legen und losfahren dürfen. Er selbst ist zwar weniger gefährdet, aber die anderen Verkehrsteilnehmer umso mehr.

8. Auch der Mopedfahrer in der Mitte rechts hat nicht nach hinten zu schauen, egal, was es dort Interessantes zu sehen gibt, sondern ausschließlich nach vorn. Er muß sich auf den Verkehr konzentrieren. Erst recht vor einem Zebrastreifen.

Ehrlich? Wieviele dieser Fehler habt Ihr entdeckt?

Wertung

Für zwei

Für vier

Für sechs

Für acht entdeckte Fehler

Über den Umgang mit Menschen

Was halten Sie von einem kleinen Test, um herauszufinden, wie gut Ihr Verhältnis zur Umwelt ist?

Eine Gewissensfrage. Gewiß.

Aber weshalb soll man in einem Beschäftigungsbuch sich nicht auch mal mit sich selbst beschäftigen?

Gestatten Sie mir bitte, daß ich Ihnen hierzu als erstes ein Spitzenkleeblatt mit vier wunderschönen Blättchen überreiche.

Hoffentlich bringt es Ihnen Glück, denn der Herr, dem ich Sie jetzt für die nächsten Seiten überlasse, hatte in puncto „menschlichen Umgangs" recht hohe Ansprüche und schrieb vor knapp zweihundert Jahren ein Buch, das diesbezüglich von mehreren Generationen als tonangebend betrachtet wurde. Ich spreche von Adolf Freiherr von Knigge (1752 bis 1796) und seinem Buch „Über den Umgang mit Menschen" (erschienen 1788), das zu einem der größten Bestseller in der deutschen Sachbuchgeschichte wurde.

Lassen Sie mich bitte einige Sätze aus der Einleitung zitieren:

»In keinem Lande in Europa ist es vielleicht so schwer, im Umgange mit Menschen aus allen Classen, Gegenden und Ständen allgemein Beifall einzuernten als in unserm deutschen Vaterlande.

Dies rührt her von der Mannichfaltigkeit des Interesses der deutschen Staaten gegeneinander und gegen auswärtige, von dem Unterschiede der Verbindungen mit diesem oder jenem auswärtigen Volke und von dem sehr merklichen Abstande der Classen untereinander, zwischen denen verjährtes Vorurtheil, Erziehung und zum Teil aus Staatsverfassung eine viel bestimmtere Grenzlinie gezogen haben, als in anderen Ländern.«

Aus diesem „Knigge" sind alle folgenden Testfragen abgeleitet.

(Sie können auch einen Zettel zur Hand nehmen und bei jeder Frage ein „Ja" oder ein „Nein" hinschreiben.)

Frage 1	Sind Sie sich selbst ein guter Gesellschafter?	☐ **ja**	**nein** ☐
Frage 2	Sind Sie in Ihrem Urteil gegen sich selbst ebenso streng wie gegen andere?	☐ **ja**	**nein** ☐
Frage 3	Neigen Sie dazu, die Schwächen Ihrer Mitmenschen zu enthüllen?	☐ **ja**	**nein** ☐
Frage 4	Sind Sie vielleicht ein Angeber („rühmen Sie sich zu laut Ihres Glücks")?	☐ **ja**	**nein** ☐
Frage 5	Bereitet es Ihnen Freude, Nachrichten von einem Haus in das andere zu tragen?	☐ **ja**	**nein** ☐
Frage 6	Ertragen Sie Widerspruch?	☐ **ja**	**nein** ☐

Ist es nicht herrlich zu sehen, wie viele Probleme sich durch die beiden letzten zweihundert Jahre gleich geblieben sind?

Knigge rät:

»Mache einigen Unterschied in deinem äußeren Betragen gegen die Menschen, mit denen du umgehst, in den Zeichen von Achtung, die du ihnen beweisest. Reiche nicht Jedem deine rechte Hand. Umarme nicht Jeden. Drücke nicht Jeden an dein Herz. Was bewahrest du den Bessern und Geliebten auf, und wer wird deinen Freundschaftsbezeugungen trauen, ihnen Werth beilegen, wenn du so verschwenderisch in Austheilung derselben bist?«

Daraus ergeben sich die beiden folgenden Fragen:

(Bitte, versuchen Sie, wenigstens sich selbst gegenüber so ehrlich wie möglich zu sein.)

Frage 7
Neigen Sie zu Zurückhaltung hinsichtlich Ihrer Freundschaftsbezeugungen?

☐ **ja** **nein** ☐

Diese Frage (die achte) dürfte wohl zu den am schwersten zu beantwortenden gehören. (Aber Sie brauchen ja niemanden Ihren Notizzettel zu zeigen.)

Frage 8
Haben Sie bei allem, was Sie tun, und allen Menschen gegenüber stets ein gutes Gewissen?

☐ **ja** **nein** ☐

Und falls Sie ein wenig Zeit zum Überlegen benötigen, zitiere ich Ihnen hier wieder etwas sehr Originelles:

»Übrigens habe ich dies Buch nicht flüchtig hingeschrieben, wie wol andere meiner Schriften, sondern lange an den Materialien dazu gesammelt — es enthält Resultate aus meinem ziemlich unruhigen Leben unter Menschen mancher Art.

Schriftstellerei ist in jetzigen Zeiten nicht viel mehr als Gespräch mit der Lesewelt; in freundschaftlichen Unterredungen wiegt man aber nicht jedes Wort ab. Der müßige Haufen will ohne Unterlaß etwas Neues hören; ernsthafte, wichtige Werke werden von den Buchhändlern nicht halb so gern in Verlag genommen und vom Publico nicht halb so eifrig gelesen, als jene Modeware; wenn man sich nun herabläßt, die Wahrheiten, welche man zu sagen hat, wenigstens in ein solches Gewand zu hüllen, wie es der große Haufen gern sieht, so läuft wol freilich je zuweilen ein unnützes Wort mit unter, und das ist vielleicht auch mein Fall gewesen.«

Weiter geht es Knigge in seinem Buch vor allem um das menschliche Verhalten in gewissen Lebenslagen. Zum Beispiel bei der Wahl des richtigen Ehepartners. Bezaubernd die Erklärung des Verfassers, kein Lästerer des schönen Geschlechts sein zu wollen, auch wenn er gelegentlich etwas zum Nachteil desselben sagen müsse. Aber gewisse Unterschiede würden eben doch bestehen.

Frage 9
Wie stehen Sie dem anderen Geschlecht gegenüber? Achten Sie es? Erkennen Sie es als gleichwertig an und verhalten sich dementsprechend?

☐ **ja** **nein** ☐

Frage 10
Eine Original Knigge-Frage:
Ist es Ihrer Meinung nach besser, daß der Mann klüger sei als das Weib?

☐ **ja** **nein** ☐

»Übrigens aber kann nichts abgeschmackter, läppischer, lästiger, von verkehrter Wirkung sein, noch was mehr das Leben verbittert, als wenn Eheleute durch die priesterliche Einsegnung ein so ausschließliches Recht auf jede Empfindung des Herzens von einander erzwungen zu haben glauben, daß sie wähnen, nun dürfe in diesem Herzen auch nicht ein Plätzchen mehr für irgend einen andern guten Menschen übrig bleiben; der Gatte müsse todt sein für seine Freunde und Freundinnen ...«

Frage 11
A propos Freunde: Haben Sie wahre Freunde und sind auch denen gegenüber ein echter Freund?

☐ **ja** **nein** ☐

Frage 12
Fällt es Ihnen leicht, von Freunden Gefälligkeiten kleinerer wie größerer Art (auch Geld!) zu erbitten und anzunehmen?

☐ **ja** **nein** ☐

Kurz wieder etwas Originales:

»Manche Menschen denken so wenig fein, daß sie glauben, gemiethete Häuser, Gärten und Hausgeräthe brauchten gar nicht geschont zu werden, und es sei bei Bestimmung der Miethsumme schon auf die Abnutzung und Verwüstung mitgerechnet worden.«

Frage 13
Schonen Sie fremdes Eigentum, wie auch die Umwelt?

☐ **ja** **nein** ☐

Frage 14
Sind Sie auch zu kleinen Leuten stets höflich? (Ich denke bei „klein" nicht ausschließlich an die Körpergröße.)

☐ **ja** **nein** ☐

»Keine Leidenschaft kann so weit führen, keine kann den Jüngling, den Mann und ganze Familien in ein grenzenloseres Elend stürzen, keine den Menschen in eine solche Kettenreihe von Verbrechen und Lastern verwickeln, als die vermaledeite Spielsucht. Sie erzeugt und nährt alle nur ersinnlichen unedeln Empfindungen: Habsucht, Neid, Haß, Zorn, Schadenfreude, Verstellung, Falschheit und Vertraun auf blindes Glück.«

Frage 15
Geben Sie alljährlich weniger als tausend Mark für's Glücksspiel aus?

☐ **ja** **nein** ☐

»Habe ich aber diejenigen getadelt, die grausam gegen Thiere verfahren, so muß ich doch auch sagen, daß Andre in die entgegengesetzte Uebertreibung fallen, indem sie mit dem Viehe wie mit Menschen umgehen. Ich kenne Damen, die ihre Katze zärtlicher umarmen als ihre Ehegatten; junge Herrn, die ihren Pferden (Autos gab's damals noch nicht) sorgsamer aufwarten als ihren Oheimen und Basen, und Männer, die gegen ihre Hunde mehr Zärtlichkeit, Schonung und Nachsicht beweisen als gegen ihre Freunde, die sich von jenen müssen mit Flöhen bevölkern lassen.«

Frage 16
Gehen Sie mit Tieren wie mit Menschen um?

☐ **ja** **nein** ☐

Das war's, was ich Sie im Namen des Freiherrn von Knigge kurz einmal fragen wollte.

Ihr Zettel ist jetzt voll, wie ich hoffe.

Nun gut, lassen Sie uns doch vergleichen, wie Knigge den seinen ausgefüllt hätte.

Bitte umblättern!

Lösung

1.	ja
2.	ja
3.	nein
4.	nein
5.	nein
6.	ja
7.	ja
8.	nein
9.	ja
10.	nein
11.	ja
12.	nein
13.	ja
14.	ja
15.	ja
16.	nein

Ganz bewußt habe ich mich bei diesem Test auf einen Klassiker des guten Umgangs verlassen, und je mehr Ihr persönliches Ergebnis seinen Vorstellungen gleicht, desto weniger dürfte an Ihrem Benehmen — auch heute noch — auszusetzen sein.

Zum Beispiel ist er der richtigen Meinung, daß die Frage 8 nur mit „nein" zu beantworten ist. Ein „ja" wäre für ihn undenkbar.

(Bitte opfern Sie für jede abweichende Antwort auf Ihrem Zettel einfach eines der Blättchen des Ihnen zu Beginn von mir überreichten Spitzenkleeblatts.)

Sicher, vor dem berühmten „Faux pas" — einem gelegentlichen Entgleiser — ist niemand sicher. Aber gerade der macht ja auch die Allergrößten unter uns hin und wieder ein wenig menschlicher.

Ich weiß, über Geschmack, Mode, Stil wie auch über die Geschliffenheit von Manieren läßt sich endlos diskutieren.

Sie alle sind nun einmal verschieden.

Aber was das „menschliche Format" angeht, sind des alten Herrn von Kigges Anschauungen darüber für mich — gerade in unserer heutigen Zeit — noch immer absolute Spitze, und es würde mich freuen, auch Sie ein klein wenig auf den Geschmack gebracht zu haben (falls das überhaupt notwendig gewesen sein sollte).

Der Rest findet sich automatisch.

Mit Manieren bei Tisch befaßt sich Herr von Knigge übrigens so gut wie gar nicht.

Ihr von mir überreichtes Spitzenkleeblatt sieht am Ende so aus:

Alle Antworten wie Knigge

Eine abweichende Antwort

Zwei abweichende Antworten

Drei abweichende Antworten

Bei mehr als drei abweichenden Antworten wäre es allerdings spurlos verschwunden.

Das Spiel mit dem Apfel

Vielleicht sind Sie jetzt überrascht, daß ich plötzlich mit Äpfeln ankomme. Aber das Apfelspiel ist doch immerhin das älteste der Welt.

Schon Adam machte da mit.

Nur hatte er es damals schwerer als ich, denn wenn ich recht unterrichtet bin, gab es zu seiner Zeit nur eine einzige Sorte, während es heutzutage zahllose Arten und Züchtungen gibt.

Wissen Sie überhaupt, wieviel verschiedene Apfelsorten es allein in Europa gibt? Rund eintausendsechshundert sollen es zur Zeit sein. (Auf der ganzen Erde annähernd zwanzigtausend!)

Fest steht jedenfalls: Äpfel sind schon seit altersher begehrt. Das liegt wohl an ihrer vielseitigen Verwendbarkeit und Haltbarkeit und ihrer Beliebtheit sowohl als Genuß- als auch als Heilmittel.

Auf der folgenden Seite sehen Sie ein Bild mit vier herrlichen — zum Anbeißen schönen — Apfelsorten. Sie gehören zu den heute bekanntesten Äpfeln.

Ich verrate Ihnen sogar, wie sie heißen:

1. **„Roter Delicious“** (den es auch in grün bis goldgelb gibt). Das englische Wort „delicious“ hat dieser Apfel wahrhaft verdient, denn es bedeutet „köstlich“. Sein Anbau ist nicht leicht, aber er gehört zweifellos im Handel zu den beliebtesten Sorten. Sonnenseits errötet er leicht und schmeckt am besten zwischen Dezember und Februar.

2. Der aus Nordamerika stammende, heute aber in vielen Ländern der Erde angebaute **„Jonathan“** gilt als echter Winterapfel und wird auch noch Ende April mit Vergnügen verspeist.

3. Die Wiege des **„Gloster“** stand in dem riesigen Obstanbaugebiet vor den Toren Hamburgs, im sogenannten „Alten Land“. Er ist eine Kreuzung aus dem „Roten Delicious“ und dem „Weißen Winter-Glockenapfel“ (einer sehr alten deutschen Sorte). Und aus dieser gelungenen Verbindung leiten sich auch sein Aussehen und sein Geschmack ab. Er ist übrigens einer der am längsten halt baren Äpfel, nämlich von Januar bis Juni zu essen (im Oktober wird er geerntet).

4. Der **„Granny Smith“** (für mich ein rechter „Schneewittchen“-Apfel — vielleicht mögen ihn deshalb gerade die Kinder so gern?) stammt aus dem sonnigen Südafrika, kommt aber auch aus Argentinien und Chile. Interessant übrigens, daß der Versuch, ihn in Deutschland heimisch zu machen, gründlich mißlang, weil die Vegetationszeit einfach zu kurz ist (die absolute Anbaugrenze liegt, von Süden kommend, bei Italien/Südfrankreich).

Die Aufgabe:

Bitte versuchen Sie auf dem umseitigen Bild herauszufinden, welche Äpfel zu welcher Sorte gehören. Die Lösung finden Sie diesmal in Spiegelschrift neben dem Bild.

Für den Fall, daß Sie sich dieser Frage nicht ganz gewachsen fühlen sollten, habe ich einen Ausweg vorbereitet, wie Sie trotzdem die Spitze erklimmen können. Wie, erfahren Sie, wenn Sie umblättern.

Ansonsten gilt: Für jede richtig erkannte Apfelsorte gibt es ein Kleeblatt-Blatt.

Ich lasse Ihnen Zeit, soviel Sie wünschen, sich die einzelnen Äpfel genauestens zu betrachten.

Wenn Sie Ihre Entscheidung getroffen haben und Ihr Urteil überprüfen möchten, halten Sie bitte den nachfolgenden Text vor einen Spiegel.

Lösung:

Die grünen, knackigen Äpfel an der linken Seite sind die „Granny Smith".

Die roten mit dem „Heiligenschein", oben daneben, sind die „Gloster".

Bei den rotgestreiften darunter handelt es sich um den „Roten Delicious".

Und rechts, die hübschen Kleinen, das sind die „Jonathan".

Bei Irrtum oder Pech in meinem Apfelspiel biete ich Ihnen nun folgenden Ausgleich an:

Für den **ersten** „faulen" Apfel schreiben Sie mir bitte zehn Hauptwörter auf, die mit „Apfel" beginnen. Wie zum Beispiel „Apfelbaum".

Für den **zweiten** hätte ich von Ihnen gern zehn Begriffe, die mit „apfel" enden.

Beim **dritten** Irrtum wird es schon ein wenig schwieriger. Da hätte ich nämlich gern zehn Äpfel von besonderer Bedeutung. Eine paradiesische Aufgabe, ich weiß. Aber dafür lasse ich Sie notfalls auch auf den einen oder anderen bereits von Ihnen gesammelten Apfel zurückgreifen.

Ist **alles verkehrt** gewesen, gibt es für Sie nur noch die eine Rettung: Zehn Begriffe mit dem Apfel als Wortteil zu finden, die jedoch mit dem Apfel als Frucht überhaupt nichts zu tun haben. Also weder eßbar, noch Bestandteile oder Schädling des Apfels sind.

Ich wünsche Ihnen, daß Sie auf diesem Wege doch noch zu einem Spitzenkleeblatt gekommen sind.

Ich gebe zu, leicht war es nicht.

Bitte:

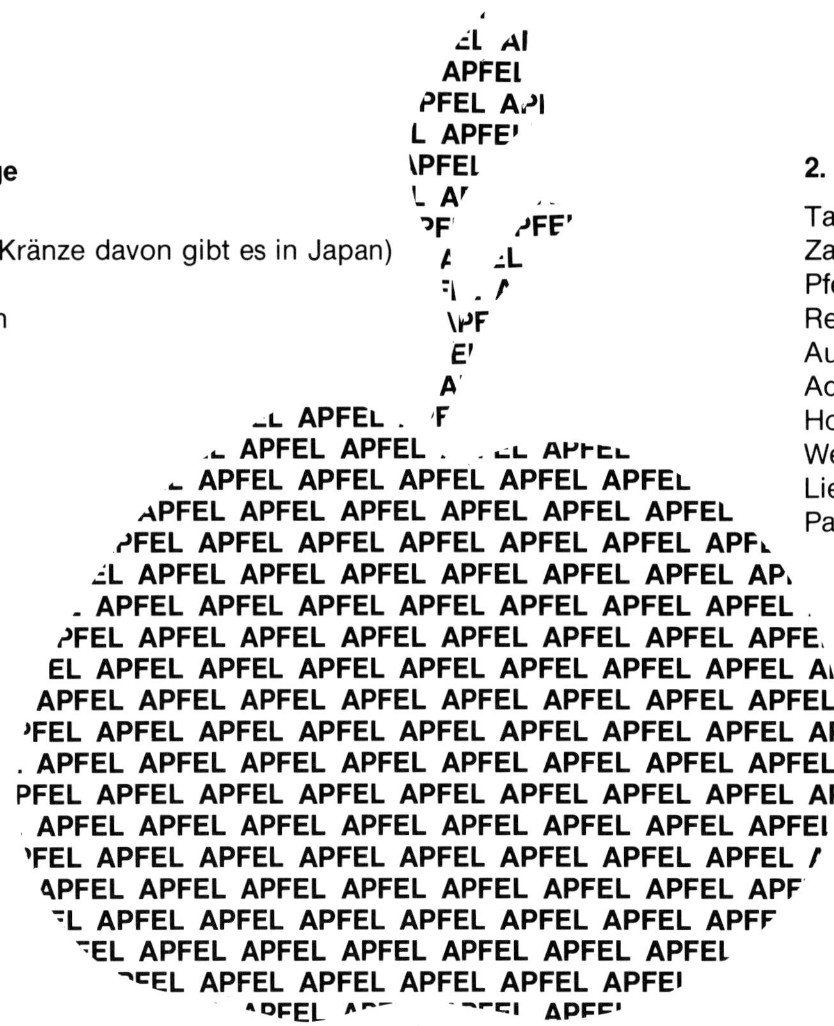

1. Ersatzfrage

Apfelsine
Apfelblüte (Kränze davon gibt es in Japan)
Apfelstrudel
Apfelkuchen
Apfeltasche
Apfelmus
Apfelernte
Apfelkorb
Apfelkorn
Apfelsaft

2. Ersatzfrage

Tafelapfel
Zankapfel
Pferdeapfel
Reichsapfel
Augapfel
Adamsapfel
Holzapfel
Weihnachtsapfel
Liebesapfel
Paradiesapfel (Tomate)

3. Ersatzfrage

der Apfel des Wilhelm Tell
der Apfel des Paris
die goldenen Äpfel der Hesperiden
der Apfel von Adam und Eva
der Apfelgulden (Goldgulden um das Jahr 1500)
der Reichsapfel
der Apfelgroschen (aus dem 17. Jahrhundert mit dem Reichsapfel auf der Rückseite)
der Liebesapfel
der Zankapfel
der vergiftete Apfel aus Schneewittchen

4. Ersatzfrage

Apfelschimmel
Apfelkreuz (in der Heraldik ein an den Enden der Arme mit Kugeln versehenes Kreuz)
Apfelrose (russische Wildrose)
Pferdeapfel
Erdapfel
Augapfel
Reichsapfel
Adamsapfel
Apfelbach (Ort in Schwaben)
Kienapfel

Berühmte Bauwerke sind nichts seltenes mehr. Bücher, Zeitschriften und das Fernsehen haben sie zur Genüge populär gemacht.

Deshalb möchte ich von Ihnen auch nicht wissen, um welchen Bau es sich auf unserem Bild hier handelt, sondern Sie sollen mir Ihre Vorstellung von seiner Höhe geben.

Wohlverstanden: Ich spreche vom Bauwerk. Nicht vom Hügel.

Wie hoch, denken Sie, ist das hier abgebildete Bauwerk?

Bitte kreuzen Sie an, welche Zahl Ihrer Vorstellung am nächsten kommt.

unter 10 m?	um 20 m?	um 30 m?	um 40 m?

Die Spielregeln sind Ihnen bekannt. Wer der richtigen Höhe am nächsten kommt, erhält ein **Spitzen-**Kleeblatt.

Je weiter am Ziel vorbeigeschossen wird, desto weniger Kleeblatt-Blätter sind zu gewinnen.

Man soll sich nie auf den ersten Blick verlassen.

Bei unserer Aufnahme handelt es sich nicht um die „Original-Akropolis“ in Athen, sondern um eine Nachbildung derselben aus Sand.

Aufgebaut am Strand von Cardiff an der Küste des Pazifischen Ozeans. Von vornherein für die Vergänglichkeit in wenigen Tagen bestimmt.

Auch das ist ein Hobby.

Und Bauwerke dieser Art — es gibt ebenso Pyramiden und Burgen zu bestaunen — sind selten mehr als einen Meter hoch.

Das einzige, was von ihnen bleibt, sind Fotoaufnahmen.

Der leidenschaftliche „Sandcastler“, der neben der „Akropolis“ auch noch zahlreiche andere klassische Bauwerke „in Sand“ nachgeschaffen hat, heißt Norman Richard Kraus.

Unsere Akropolis ist also auf jeden Fall unter 10 Meter hoch.

Geschätzt um 40 m 	Geschätzt um 30 m 
Geschätzt um 20 m 	Geschätzt unter 10 m 

Gold und Silber

Jetzt folgt kein Walzer von Franz Léhar, sondern ich möchte mit Ihnen ein klein wenig Sport treiben. Was liegt da näher, als das heilige Olympia?

Vier einfache Fragen hätte ich da:

Erste Frage: Bestimmt wissen Sie, was die fünf olympischen Ringe symbolisieren.

Sie versinnbildlichen das Verbundensein unserer fünf Erdteile.

Wie Sie ferner wissen, tragen diese fünf Ringe fünf verschiedene Farben.

Keine Angst, Sie sollen mir jetzt keineswegs heruntersagen, welche Farbe jeder einzelne Ring trägt.

Diesmal mache ich es Ihnen leichter:

Ich nenne Ihnen hier zehn verschiedene Farben und bitte Sie, diejenigen anzukreuzen, die in den Olympiaringen vorkommen. Und ist Ihnen dies richtig gelungen, haben Sie bereits das erste olympische Kleeblatt-Blatt errungen.

Rot	Weiß	Gelb	Braun	Kupfer
Grün	Silber	Schwarz	Blau	Gold

Zweite Frage: Bitte nennen Sie mir wenigstens vier der sechs Disziplinen aus dem alten Hellas, die auch heute noch bei den Olympischen Spielen vertreten sind.

Dritte Frage: Neben den 24 bisher bei den Sommerspielen ausgeübten (beziehungsweise bei den kommenden Spielen neu hinzukommenden) Disziplinen finden Sie hier noch vier weitere Zutaten.

Bitte finden Sie diese nicht olympischen Spiele meinerseits heraus.

Aber gefälligst rasch! Dalli-Dalli! Wir treiben Sport.

LEICHTATHLETIK	**FUSSBALL**
HANDBALL	**SPORTANGELN**
BASKETBALL	**BOGENSCHIESSEN**
GOLF	**SCHWIMMEN und WASSERSPRINGEN**
VOLLEYBALL	**BOXEN**
HOCKEY	**WASSERBALL**
MODERNER FÜNFKAMPF	**DRACHENFLIEGEN**
RUDERN	**RINGEN**
SCHIESSEN	**TURNEN**
GEWICHTHEBEN	**TAUCHEN**
KANU	**SEGELN**
RADFAHREN	**JUDO**
REITEN	**TENNIS**
FECHTEN	**TISCHTENNIS**

(Nur so ganz nebenbei, also außer Konkurrenz: Was unter anderem ist 1984 „neu" dabei? Nennen Sie mir doch davon wenigstens zwei.)

Vierte Frage: Hier zitiere ich Ihnen den „Olympischen Eid". Nur ein einziges Wort habe ich verändert.

Welches?

„Wir schwören, daß wir uns bei den ‚Olympischen Spielen' als ehrenhafte Mitbewerber zeigen und die für die Spiele geltenden Bestimmungen achten wollen. Unsere Teilnahme soll geschehen im kameradschaftlichen Geiste, zur Ehre unseres Vaterlandes und zum Ruhme des Sports."

Die Lösung:

1. Die richtigen Farben sind:

   Blau — Gelb — Schwarz — Grün — Rot.

2. Aus dem klassischen Griechenland wurden bis heute übernommen:

   LAUFEN

   WEITSPRUNG

   SPEERWURF

   DISKUSWURF

   RINGEN

   BOXEN
   (damals nannte sich das noch „Faustkampf")

   (Daß damals in Olympia Literatur gleichfalls eine Rolle spielte und dort ebenso wie die sportlichen Leistungen prämiert wurde, ist — leider — ein Kapitel für sich.)

3. Ganz einfach.

   Meine, bedauerlicherweise, noch nicht realisierten, Vorschläge sind:

   SPORTANGELN

   GOLF

   TAUCHEN

   DRACHENFLIEGEN

   (Neu, zum Beispiel, ist: Marathonlauf der Frauen und beim Segeln das Surfen.)

4. Es handelt sich lediglich um das Wort „kameradschaftlich".

   Richtig lautet es: im „ritterlichen" Geiste...

Nun? Haben Sie eine grüne Olympiamedaille errungen?

Wertung	Für	 eine richtige Antwort	 zwei richtige Antworten	 drei richtige Antworten	 vier richtige Antworten

Ein Quiz für Feinschmecker

Geschmäcker sind bekanntlich verschieden. Deshalb habe ich mir für dieses Gebiet gleich drei Spiele ausgedacht, bei denen Sie insgesamt ganz schön „absahnen" können.

In einem Gespräch mit Fernsehzuschauern wurde mir erklärt, das Schönste beim Quiz sei, bequem vom Sessel aus mitansehen zu können, wie den Kandidaten die Köpfe rauchten, während die Lösung oft offen auf dem Tisch liege.

Natürlich kann ich Ihnen solch ein Vergnügen in meinem Buch nur schwerlich bieten.

Seltsamerweise wurde bei diesem Gespräch nur wenig über die Freude an der Information gesprochen, die man beim Quiz so ganz nebenbei erhält. (Es gibt nämlich auch Zuschauer, die nicht allwissend sind.)

Bitte lassen Sie mich versuchen, an Stelle des hier nicht möglichen Wettstreits wenigstens das eine oder andere an Wissen zu vermitteln, womit Sie bei passender Gelegenheit Ihre Umgebung bestimmt ganz schön verblüffen können.

Die erste Aufgabe:
(Hierbei geht es um das erste Feinschmecker-Spitzenkleeblatt.)

1. Angenommen, Sie machen mit Freunden einen Sonntagsausflug. An einer Bude kann man Sandwiches bekommen. Fragen Sie einmal Ihre Begleiter, woher das, was man Ihnen da reicht — gelegentlich ist es sogar mit einem welken Salatblatt garniert —, seinen Namen hat.

   Dem, der's wissen sollte, können Sie ruhig ein Sandwich extra versprechen. Wissen Sie es bereits selber, erhalten Sie von mir Ihr erstes Kleeblatt-Blatt (zur Sandwichausschmückung).

2. Es gibt erstaunlich viel an „old England" auf unseren Speisekarten zu finden.

   Bitte nehmen Sie im rechten Verhältnis Johannisbeergelee, englischen Senf, Portwein, Cayennepfeffer und Ingwerpulver und dazu in Rotwein gekochte Orangen- und Zitronenschale sowie Schalotten.

   Nun, wie heißt das Zeug, wenn's fertig ist?

   Ich will es Ihnen verraten: Cumberlandsauce.

   Doch wonach heißt sie so?

   Falls Sie es wissen sollten, ist das zweite Blatt fällig.

3. Es gibt eine bekannte Suppe. Echt Schildkröte!

   Hätte sie den Mädchennamen ihrer Schöpferin erhalten, würde sie heute „Fräulein-Geiger-Suppe" heißen.

   Für den richtigen Namen gibt es abermals ein Kleeblatt-Blatt (das jedoch in der Suppe nichts zu suchen hat).

4. Ich halte es für selbstverständlich, daß Sie den Herrn hier nebenan kennen.

   Welche Speise wurde nach ihm benannt?

Lösung

1. Das Sandwich verdankt seinen Namen John Montagu, Vierter Graf von Sandwich (1718-1792). Er muß ein übler, korrupter Kerl gewesen sein. Lord seiner britischen Majestät und Admiralität oder sowas. Jedenfalls war er derart dem Glücksspiel verfallen, daß er um keinen Preis dazu zu bewegen war, den Spieltisch zu verlassen, um speisen zu gehen. Statt dessen ließ er sich von seinem Diener eine Scheibe Roastbeef zwischen zwei Weißbrotschnitten reichen — eben ein Sandwich.
2. Die Cumberlandsauce wurde nach Prinz August von Cumberland (1721-1765) benannt, den man trotz seiner einst vielgepriesenen feldherrlichen Leistungen längst vergessen hätte, wäre von ihm nicht die Sauce.
3. Es handelt sich natürlich um Lady Curzon, die Gattin des Vizekönigs von Indien (was er von 1899 bis 1905 war).
4. Der „Eiserne Kanzler" Otto von Bismarck (1815-1898) bezeichnete einmal in einer Ernährungsdebatte im Deutschen Reichstag den Hering als Delikatesse, der, wenn er nur rar und teuer wäre, auch von seinen deutschen Landsleuten als solche angesehen und dementsprechend mit Genuß verspeist würde.

   Gemäß der Devise: Was schmecken soll, muß (sündhaft) teuer sein.

   Ein Tip: Am besten schmeckt der „Bismarckhering" mit neuen Kartoffeln.

Wertung

	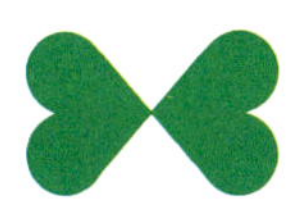		
Für einen historischen Namen	Für zwei historische Namen	Für drei historische Namen	Für alle vier richtigen Namen

Als nächstes habe ich Ihnen vier Männer ausgesucht, die gleichfalls ihre Unsterblichkeit nahezu ausnahmslos den Speisekarten in aller Welt verdanken.

Sie alle hatten „fleischliche Gelüste". Nichts vom Herkömmlichen schmeckte ihnen gut genug.

Jedes dieser Gerichte gilt heute als Spezialität aus einem anderen Land.

Die zweite Aufgabe:

Bitte beschreiben Sie mir „in etwa" die vier nach diesen Edelmännern benannten Gerichte.

Für jede halbwegs genießbare Beschreibung erhalten Sie ein Kleeblatt-Blatt.

Englisch

Sir Arthur Wellesley Herzog von Wellington, seit 1815 auch Fürst von Waterloo (1769-1852)

Britischer Feldherr und Staatsmann. Besieger Napoleons.

Deutsch

Der Geheime Rat Friedrich von Holstein (1837-1909)

Galt als die „Graue Eminenz" im Auswärtigen Amt Berlins zur Zeit Bismarcks, an dessen Sturz er maßgeblich beteiligt war.

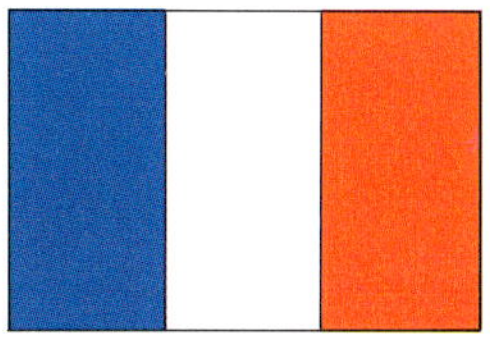

Französisch

Francois-René Vicomte de Châteaubriand (1768-1848)

Vielgelesener Schriftsteller seiner Zeit, Diplomat und Frauenliebhaber. Weitgereist (London, Paris, Rom und sogar Nordamerika).

Russisch

Grigoij Alexandrowitsch Graf Stroganoff (1774-1857)

Er galt als großer Liebhaber kulinarischer Künste und war daneben Mitglied des Reichsrats und russischer Gesandter in London.

Aller guten Dinge sind drei.

Deshalb jetzt noch einmal umgekehrt.

Und dabei fiel mir die Wahl richtig schwer.

Denken Sie doch einmal an solche Köstlichkeiten wie Sachertorte, Fürst-Pückler-Eis, Schillerlocke, Seezunge Colbert, Esterhazy-Rostbraten …

Oder wußten Sie etwa, daß unsere geliebten Pralinen ihren Namen dem Monsieur César de Choiseul, Conte de Olessy-Pralins verdanken?

Ich zeige Ihnen hier vier lukullische Kostbarkeiten, die ihre Herkunft ausschließlich Leuten aus der Welt des Theaters verdanken.

Stammt aus Frankreich

Stammt aus Australien

Stammt aus Italien

Stammt aus Österreich

Worum handelt es sich jeweils?

Ich bitte lediglich um die vier Namen, und für jeden richtigen erhalten Sie ein Kleeblatt-Blatt.

Ungefähr so stelle ich mir die vier richtigen Beschreibungen zu meiner zweiten Aufgabe vor:

1. Das Wellington-Filet (natürlich auch vom Rind) wird von Kalbsleber- und Pilzfarce bedeckt und schließlich in Blätterteig eingehüllt und gebacken.

   Mir läuft geradezu das Wasser im Mund zusammen. Ihnen auch?

2. Seien Sie ehrlich. Haben Sie bisher beim „Schnitzel à la Holstein" an Schleswig-Holstein oder den Geheimen Rat gedacht?

   Auf den Tisch gebracht wird dieses Stückchen Kalbfleisch jedenfalls reich garniert. Oft sogar mit einem Spiegelei obenauf. Das allerwichtigste dabei ist jedoch — neben gerösteten, entrindeten Weißbrotschnittchen, die mit Sardellenstreifen und ähnlichen Delikatessen belegt sind — das Scheibchen Zitrone auf dem Schnitzel selbst oder am Tellerrand.

3. Das Filet Châteaubriand läßt sich im Restaurant meist nur „für zwei Personen" bestellen. Man bekommt es jeweils nach Wunsch zubereitet: „Nur leicht angebraten" (bitte nicht „halbroh" sagen), „medium" oder „durchgebraten". Umlegt wird es mit nichtlegiertem Gemüse aller Art.

4. Boeuf Stroganoff ist ein herrliches Gericht aus Rinderfiletstreifen in dicker, saurer Sahne.

Wertung für Aufgabe zwei				
	Für eine richtige Beschreibung	Für zwei richtige Beschreibungen	Für drei richtige Beschreibungen	Für vier richtige Beschreibungen

Bei meiner 3. Aufgabe handelt es sich um folgende vier Namen:

1. Für die „Crêpes **Suzette**" habe ich gleich zwei Namensgeberinnen entdeckt. In Paris soll es in den 60er Jahren des vorigen Jahrhunderts eine reizende Soubrette dieses Vornamens gegeben haben (ihren Nachnamen konnte ich leider nirgendwo entdecken), die während Kronprinz Eduards (später König Eduard VII. von Großbritannien) lebemännischen Jahren zu seinem engeren Kreis gehört und mit ihm des öfteren in Monsieur Charpentiers Restaurant soupiert haben soll.

   Den hauchdünnen mit „Grand Marnier" flambierten Eierküchlein hätte der Name des Prince of Wales bestimmt noch mehr königlichen Glanz verliehen. Aber die Crêpes (von) Suzette' wurden auch so unsterblich.

   In einer anderen Version soll es sich bei Suzette „lediglich" um die Zofe einer Schauspielerin der „Comédie française" gehandelt haben, für die ein Restaurantbesitzer namens Joseph so entflammt war, daß er ihr an Stelle von Gedichten diese Crèpes auf den Teller legte.

2. Vom herrlichen Koloratursopran der berühmten australischen Sängerin (Helen Porter Mitchell) **Nellie Melba** berichten lediglich noch Musikfachbücher. Weltbekannt dagegen ist der halbe Pfirsich (siehe Abbildung) auf dem Glas mit Vanilleeis, wie er auch heute noch unter „Pfirsich Melba" in jedem besseren Restaurant als Nachtisch gereicht wird.

3. **Gioacchino Rossini.** Auf seinen Tournedos findet man gleichfalls zumeist ein Ei. Ich spreche von den „Tournedos Rossini", die zu den Lieblingsgerichten eines Mannes gehörten, der nicht nur leidenschaftlich gerne aß (was auch seinem Leibesumfang anzusehen war), sondern daneben auch unsterbliche Opern, wie den „Barbier von Sevilla" oder die „Diebische Elster" schrieb (und über vierzig andere mehr): Gioacchino Rossini (1792-1868). Diese Werke machten ihn rasch so reich, daß er es sich leisten konnte, sich mit noch nicht ganz vierzig Jahren völlig vom Opernleben zurückzuziehen. (Er schrieb lediglich noch zwei Kirchenchorwerke und „Péchés de vieillesse" = Alterssünden und gab sich ansonsten den Genüssen des Lebens hin. Der reinen Freßlust.)

4. Nach **Wolfgang Amadeus Mozart** (1756-1791), der angeblich sehr den Süßigkeiten des Lebens (hier rein kulinarisch gemeint) verfallen war, sollen die Rumkugeln erst nach seinem Tod benannt worden sein. Von seiner Heimatstadt Salzburg aus nahmen die Mozartkugeln (in goldenes Staniolpapier verpackt, auf dem Kugel für Kugel Mozarts Kopf zu sehen ist) den Weg in die Confiserien der ganzen Welt.

Nun, war doch ganz lustig.

Oder etwa nicht?

Für's nächste Essen außer Haus wünsche ich Ihnen jedenfalls einen besonders guten Appetit!

Wertung für Aufgabe drei

Für den ersten richtigen Namen

Für den zweiten richtigen Namen

Für den dritten richtigen Namen

Für den vierten richtigen Namen

Namen, die zu Begriffen wurden

In meinem Quiz für Feinschmecker versuchte ich Ihnen die erstaunliche Tatsache vor Augen zu führen, daß gelegentlich ein halber Pfirsich oder ein, zwei Scheibchen Zitrone einem Namen zur Unsterblichkeit verhelfen können. Jetzt möchte ich Ihnen von Namen berichten, die auf andere Art und Weise unsterblich wurden. Denken Sie doch nur einmal an „Dieselkraftstoff" oder an den „Dieselmotor". Gewiß wird der Name „Rudolf Diesel" (1858-1913) den meisten von Ihnen ein Begriff sein. (Im Jahre 1893 erhielt er das deutsche Reichspatent für einen Wärmemotor, der 1897 als erster Dieselmotor der Welt von der M.A.N. gebaut wurde.)

Aber wenn ich Sie jetzt nach dem Wort „Lynchjustiz" fragte, würden Sie mir da sogleich antworten können, daß dieser Begriff von einem Namen abgeleitet wurde? Gewiß. Hier gibt es sogar gleich zwei finstere Persönlichkeiten, die Anspruch darauf erheben, als Vater dieses „wunderschönen" Begriffs betrachtet zu werden:

Der amerikanische Friedensrichter Charley Lynch (1736-1796),

und der aus Virginia stammende Hauptmann William Lynch (1742-1796),

die sich beide selbst zu Vollstreckern des Strafrechts — vor allem schwarzen Sklaven gegenüber — bevollmächtigten und damit ihren Namen unrühmlich unsterblich machten. Spitzen weisen eben gelegentlich auch mal nach unten.

Ich möchte nun hieraus kein Abfragequiz machen. Mir genügt bereits, daß sich mir hier eine Gelegenheit bietet, Ihnen einige solcher Leute ins Gedächtnis zurückzurufen.

Um trotzdem ein wenig Spaß auf's Papier zu bringen, habe ich Ihnen zwanzig Begriffe zusammengestellt, von denen drei Viertel sogenannte „große Namen" (auf- wie abwärts) sind.

Bei den restlichen fünf Wörtern handelt es sich um Begriffe, die aus fremden Sprachen stammen.

Für jedes entdeckte Fremdwort erhalten Sie ein Kleeblatt-Blatt (bis hin zum Spitzenkleeblatt) und erfahren außerdem so ganz nebenbei die eine oder andere hübsche Neuigkeit aus der Vergangenheit.

Also: Welches sind Namen und welches sind Fremdworte?
(Letztere kreuzen Sie am besten mit Bleistift an.)

☐ **Ampère**	☐ **Fahrenheit**	☐ **Montgolfière**	☐ **Shampoo**
☐ **Boykott**	☐ **Guillotine**	☐ **Nikotin**	☐ **Silhouette**
☐ **Bumerang**	☐ **Kassiber**	☐ **Sadismus**	☐ **Volt**
☐ **Colt**	☐ **Masochismus**	☐ **Saxophon**	☐ **Watt**
☐ **Czárdás**	☐ **Mausergewehr**	☐ **Schirokko**	☐ **Zeppelin**

Die von mir eingeschmuggelten Begriffe, die nicht von Personen abgeleitet wurden, sind:

1. **Bumerang** der Name für dieses Wurfholz stammt aus dem Sprachschatz der australischen Urbevölkerung
2. **Csárdás** ist ein ungarischer Volkstanz und gehört zur Csárda, der Pußtaschenke
3. **Kassiber** nennt man geheime schriftliche Nachrichten von oder an Gefängnisinsassen; das Wort entstammt dem Hebräischen (kesiwo = Geschriebenes)
4. **Schirokko** stammt aus dem Arabischen (wo dieser Wind mit seinem Sand aus der Sahara ja auch herkommt)
5. **Shampoo** ist ein Wort aus Hindustan (denn nicht nur bei uns findet man gepflegtes Haar)

Richtig herausgepickt?

Ein Fremdwort

Zwei Fremdworte

Drei Fremdworte

Vier oder gar fünf Fremdworte

Nach Personen benannt wurden

Ampère und zwar nach dem französischen Physiker André Marie Ampère (1775-1836). Das Ampère als Maßeinheit der elektrischen Stromstärke gehört zu den vier sanktionierten internationalen Einheiten (Zeichen: A).

der Boykott nach dem englischen Kapitän und Gutsverwalter Charles Cunningham Boykott (1832-1897), der sich durch seine Strenge den irischen Pächtern gegenüber so verhaßt machte, daß sie sich nicht anders zu helfen wußten, als ihn zu „boykottieren". (D.h., sie antworteten auf nichts und schauten durch ihn hindurch, als sei er für sie aus Glas.)

der Colt Dieser berühmte Sechsschuß-Trommel-Revolver ist eine Erfindung des Schiffsjungen Samuel Colt (1814-1862), der später Ingenieur wurde und ihn 1835 in Amerika patentieren ließ.

1842 begann er in Newhaven mit der Produktion seiner Revolver, womit er einer der großen reichen Männer Amerikas wurde.

Fahrenheit nach dem deutschen Glasbläser und Physiker Daniel Gabriel Fahrenheit (1686-1736), dem es als erstem gelang, völlig übereinstimmende Thermometer mit Quecksilber (statt wie vordem mit Weingeist) herzustellen.

die Guillotine

(Enthauptungsmaschine) verdankt ihren Namen ihrem angeblichen Erfinder, dem französischen Arzt Josephe Ignace Guillotine (1738-1814), der diese (bereits im Altertum ausgeübte) Art der Hinrichtung dem Köpfen durch das Beil des Henkers oder dem Galgen vorzog. Vor allem konnte mittels der Guillotine wesentlich schneller gearbeitet werden. Sie ist als ein Nebenprodukt der französischen Revolution zu betrachten.

der Masochismus

Die Perversion des geschlechtlichen Fühlens, bei der zugefügte Schmerzen Wollust erregen, wurde nach dem österreichischen Schriftsteller Leopold von Sacher-Masoch (1836-1895) so benannt.

Wahrscheinlich wurden ihm in seiner Kinderzeit zu viele blutige Grusel- und Horrorgeschichten vorgelesen.

das Mausergewehr

Hier waren es zwei Brüder, nämlich Wilhelm Mauser (1834-1882) und Paul Mauser (1838-1914), die, in der kgl. Gewehrfabrik in Oberndorf großgeworden, 1867 in die belgische Stadt Lüttich übersiedelten, wo sie ihr berühmtes „Mausergewehr“ entwickelten, das sie dann 1871 an die preußische Armee verkauften.

1874 gründeten sie dann in Oberndorf die Mauserwerke.

die Montgolfière

Der unter diesem Namen bekannte Warmluftballon wurde nach seinen beiden Erfindern, gleichfalls Brüder, benannt.

Dies waren: Joseph Michel Montgolfier (1740-1810) und Jacques Etienne Montgolfier (1745-1799). Beide studierten Physik und Mathematik. Im Jahre 1783 ließen sie ihren ersten Ballon in die Lüfte steigen.

das Nikotin wurde nach dem französischen Diplomaten und Gelehrten Jean Nicot (etwa 1530-1600) benannt, der als erster dieses Alkaloid des Tabaks entdeckte.

der Sadismus verdankt seinen Namen dem französischen Schriftsteller Donatien Alphonse Francois Marquis de Sade, der im Gefängnis landete, wo er zahlreiche Romane und Theaterstücke voller sexueller Grausamkeiten verfaßte. Er wurde 1740 geboren und starb 1814 im Irrenhaus zu Charenton.

das Saxophon Dieses Blechblasinstrument mit Klarinettenschnabel wurde von dem Belgier Antoine Joseph Sax (1814-1894) entwickelt. 1846 hat er es in Paris patentieren lassen.

die Silhouette war als erstes geradezu ein Spott- oder Schimpfname auf den französischen Finanzminister Etienne de Silhouette (1709-1767), der in wenigen Monaten die französische Wirtschaft zum Erliegen brachte, so daß nur noch ein Schattenriß übrigblieb.

(Wollte man heutzutage alle Scherenschnitte solcher Wirtschaftspolitiker gleichfalls Begriff werden lassen, müßte man ein wahres Silhouettenlexikon verfassen.)

Volt Diese Maßeinheit der elektrischen Spannung (Zeichen: V) wurde nach dem italienischen Physiker Allessandro Graf Volta (1745-1827) benannt.

Watt Diese Maßeinheit der elektrischen Leistung (Zeichen: W) wurde nach dem schottischen Ingenieur James Watt (1736-1819) benannt.

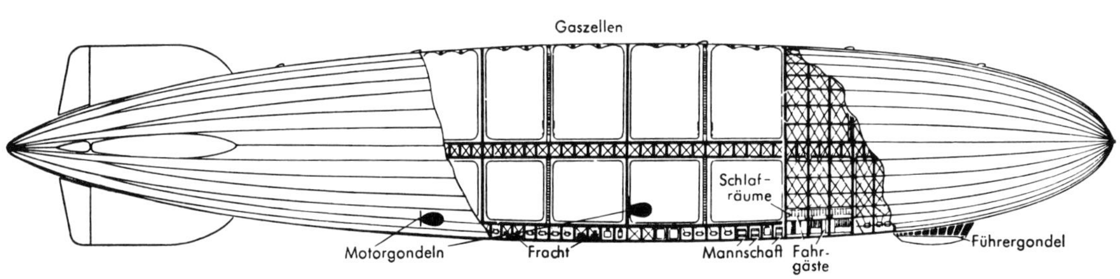

der Zeppelin erhielt seinen Namen von seinem Konstrukteur, dem Grafen Ferdinand von Zeppelin (1838-1917).

Am 2. Juli 1900 erhob sich in Lindau am Bodensee sein erstes Starrluftschiff.

Als Verkehrsmittel wurden die Luftschiffe jedoch bald von den Flugzeugen verdrängt. (Doch wurden im Ersten Weltkrieg immerhin über hundert Luftschiffe abgeschossen.)

Ich hoffe, Sie werden mir recht geben:

Auf diesen paar Seiten war schon einiges an „Spitze“ dabei.

Ein etwas ungewöhnlicher Anblick, wie auf unserem Bild reihenweise fröhliche Menschenköpfe in die Kamera blicken.

Finden Sie nicht auch?

Was hat diese Leute dazu gebracht, sich so aufeinandertürmen zu lassen?

Handelt es sich dabei um eine neue Variante eines Zauberkünstlers?

Verdienen diese Männer und Frauen ihr Geld als Magiekomparsen?

Um Geld handelt es sich hierbei tatsächlich.

Für manche sogar um einige Tausender.

Doch überlegen Sie — würden Sie sich um des schnöden Mammons willen so neben- und übereinanderstapeln lassen?

Sollten Sie ohne große Umschweife herausbekommen, um was es sich hier handelt, haben Sie zweifellos ein Spitzen-Kleeblatt verdient.

Dies hier ist ein „Großreisemobil“, ein sogenanntes „fahrendes Hotel“, in dem rund vierzig Personen gleichzeitig durch die Welt reisen können.

Nach Italien, Rußland, Tunis, Dakar oder von Neu-Delhi, Sidney und Bangkok aus werden darin „Welt“reisen unternommen. Nachts findet man in den Mini-Kojen Unterschlupf. Dieses fahrende Hotel bietet sogar Vollpension, um zu verhindern, daß durch fremde Küchen die Gäste Durchfall bekommen, denn es verfügt lediglich über eine einzige — allerdings immer blitzsaubere — Toilette.

Auf normalem Wege würde manche dieser Exkursionen den Einzelnen gut zwei oder gar drei Tausendmarkscheine mehr kosten.

So schränkt man sich lieber ein wenig ein und baut auf gute Nachbarschaft.

Falls Sie von selbst daraufgekommen sein sollten,

hier das versprochene Spitzen-Kleeblatt

Die großen Begleiter

Hier handelt es sich um einen Abstecher ins Reich der Weltliteratur.

Die folgenden sechs Namen sind — literarisch — eng mit einem anderen Namen verbunden.

Und genau diese anderen Namen möchte ich von Ihnen erfahren.

Meine Fragen lauten:

1. **Wer gehört zu Sancho Pansa?**
2. **Wer gehört zu Freitag?**
3. **Wer gehört zu Chingachgook?**
4. **Wer gehört zu Doktor Watson?**
5. **Wer gehört zu Hadschi Halef Omar?**
6. **Wer gehört zu Huckleberry Finn?**

Für die ersten beiden von Ihnen richtig genannten Namen gibt es noch nichts zu gewinnen. Doch dann für jeden weiteren Namen ein Kleeblatt-Blatt.

(Alle sechs richtig zu wissen, wäre „Spitze".)

Hier die richtigen Antworten:

1. Sancho Pansa ist der Diener von **Don Quijote.**

   „Die Abenteuer des sinnreichen Junkers Don Quixote von La Mancha" wurden von dem spanischen Dichter Miguel de Cervantes Saavedra (1547-1616) in den Jahren 1605 (1. Band) und 1615 (2. Band) geschrieben und gelten mit Recht als das Hauptwerk der spanischen Literatur.

   „Der Kampf mit den Windmühlen" ist sprichwörtlich geworden.

   Das Bild auf der vorigen Seite ist die Wiedergabe einer Grafik der deutschen Ausgabe von 1837 mit der Einleitung von Heinrich Heine.

2. Freitag gehört zu **Robinson Crusoe.**

   Daniel Defoe (1660-1731) schrieb sein Werk „Das Leben und die merkwürdigen Abenteuer des Seemanns Robinson Crusoe aus York", welches als erster moderner englischer Roman betrachtet wird und zu den weitverbreitesten Büchern der Welt gehören dürfte, im Jahre 1719 mit nahezu sechzig Jahren.

3. Chingachgook ist der indianische Freund des Trappers Nataniel Bumppo, genannt **„Lederstrumpf".**

   James Fenimore Cooper (1789-1851) war Autor dieses fünfbändigen Epos der amerikanischen Pionierzeit, das 1823 zu erscheinen begann.

   Leider kennt man es bei uns fast ausschließlich nur aus verstümmelten Kurzfassungen.

4. Dr. Watson ist der Freund und Mitarbeiter von **Sherlock Holmes.**

   Diese beiden Figuren wurden von dem englischen Kriminalschriftsteller Sir Arthur Conan Doyle (1859-1930) geschaffen. In der langen Reihe seiner Kriminalstories entstand gewissermaßen der Ur- und Inbegriff des Detektivs schlechthin.

5. Hadschi Halef Omar ist der Diener von **Kara Ben Nemsi** aus Karl Mays (1842-1912) sechsteiligem Werk „Durch die Wüste". Der erste Band erschien im Jahre 1892. Spannend wird geschildert, wie diese beiden Männer vom wilden Kurdistan bis in das Land der Skipetaren reisen und dabei zahllose Abenteuer bestehen.

6. Huckleberry Finn gehört zu **Tom Sawyer.**

   Die beiden unsterblichen Lausbubengestalten wurden 1876 und 1885 von Mark Twain (1835-1910) geschaffen. Er gilt als einer der größten amerikanischen Satiriker seiner Zeit. Sein Name war ein Pseudonym und lautet „zwei (Faden) markieren!", der Ruf der Missisippipiloten. Richtig hieß er Samuel Langhorne Clemens.

Wertung

3 Richtige

4 Richtige

5 Richtige

6 Richtige

Moment!

Für den Fall, daß Ihnen meine letzte Aufgabe zu leicht lösbar gewesen war, hätte ich da noch eine kleine Trumpfkarte in der Hand.

Passen Sie auf:

Von den sechs Herren Autoren nebenan waren genau drei im Laufe ihres Lebens im Gefängnis gelandet.

Einer von ihnen hat sogar „im Knast" mit der Niederschrift seines Hauptwerkes begonnen.

Tüchtig!

Zwei der restlichen Autoren haben ihre Hauptfiguren nach historischen Vorbildern geschaffen.

Lediglich über einen der sechs weiß ich nichts derart „Außergewöhnliches" zu sagen.

Bitte versuchen Sie die sechs Autoren richtig einzuordnen. (Dazu müssen Sie die Ziffern 1-6 in den folgenden Kästchen richtig plazieren.)

Bei den ersten beiden „Treffern" gibt es nichts zu gewinnen. Doch von da ab erhalten Sie für jeden weiteren ein Kleeblatt-Blatt.

1. **Miguel de Cervantes Saavedra**
2. **Daniel Defoe**
3. **James Fenimore Cooper**
4. **Sir Arthur Conan Doyle**
5. **Karl May**
6. **Mark Twain**

Im Gefängnis saßen die Autoren	Nach einem Vorbild schufen ihr Werk die Autoren	Der sechste Autor

So sieht die richtige Lösung aus:

1	3	6
2	4	
5		

Im Gefängnis saßen:

1 Miguel de Cervantes. Er wurde als Quartiermeister der Spanischen Flotte im Jahre 1597 wegen angeblicher Unterschlagungen für drei Monate in das Königliche Gefängnis von Sevilla „geworfen".

Hier begann er mit der Arbeit an seinem „Don Quijote".

2 Daniel Defoe.

Er wurde wegen „Staatsgefährdender Schmähschriften" 1703 vom Parlament zum Pranger und zu Gefängnis verurteilt. Von Mai bis November 1703 kam er in das Londoner Newgate-Gefängnis. Einige Jahre später wurde der politisch weit voraus denkende Schriftsteller wegen eines Pamphlets abermals zu 800 Pfund Strafe und zu Gefängnis verurteilt.

5 Karl May mußte zwischen 1865 und 1874 zweimal wegen Betrugs ins Gefängnis.

Nach einem Vorbild arbeiteten:

3 James Cooper.

Er schuf seinen „Lederstrumpf" nach der historischen Figur des Trappers Daniel Boon.

4 Conan Doyle.

Er war Student des Chirurgen und Medizinischen Rats am Königlichen Militärhospital in Edinburgh Dr. Bell, der in der Lage war, nach einem flüchtigen Blick, selbst auf völlig Fremde, durch logische Schlußfolgerungen einen Großteil von deren Lebensbild zu erkennen.

Der sechste Autor:

6 Nun, der Unkomplizierteste von ihnen war zweifellos Mark Twain, der überhaupt ein großartiger Mann gewesen sein soll.

Wertung

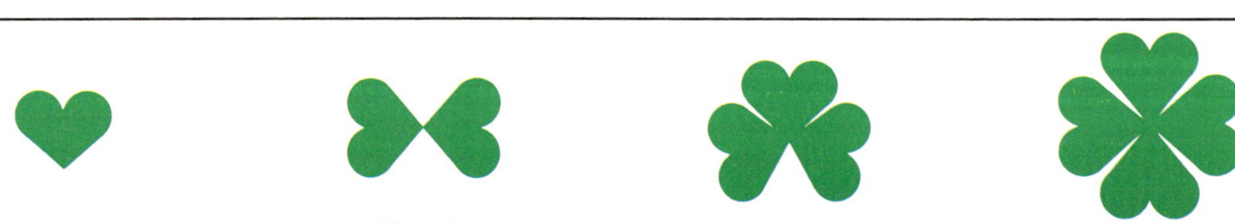

3 Richtige · 4 Richtige · 5 Richtige · 6 Richtige

Eine illustre Gesellschaft

Ich habe Ihnen hier willkürlich zwei Dutzend Personennamen zusammengestellt, die Ihnen zum allergrößten Teil bekannt sein dürften:

* Die klassischen Herrscher **Alexander der Große** und **Gaius Julius Cäsar.** Auch der römische Kaiser **Tiberius.**

* Die Komponisten **Carl Philipp Emanuel Bach** und **Ludwig van Beethoven.**

* Die Maler **Leonardo da Vinci** und **Michelangelo Buonarroti.**

* Die deutschen Dichter **Johann Wolfgang von Goethe** (samt dem deutschen Ritter **Gottfried von Berlichingen)** und **Heinrich Heine.**

* **Elisabeth II.** Königin von England und **Georg II.** König von England. Außerdem der englische Admiral **Lord Horatio Nelson.**

* Die amerikanischen Präsidenten **Benjamin Franklin, Harry S. Truman** und **Gerald Ford.**

* Die amerikanischen Filmschauspielerinnen **Greta Garbo** und **Marilyn Monroe** sowie **Judy Garland.**

* Die amerikanischen Filmkomiker **Charlie Chaplin** und **Danny Kaye.**

* **Paul McCartney,** einer der englischen Beatles, der Wiener Pianist **Wittgenstein** und der amerikanische Komponist **Cole Porter.**

Frage: Was haben all diese Personen miteinander gemein?

Halt! Nein! Strengen Sie sich bitte nicht zu sehr an, denn selbst für eine richtige Antwort würden Sie noch nichts gewinnen. Die eigentliche Aufgabe lasse ich besser erst auf der nächsten Seite beginnen.

Sie alle nämlich sind oder waren

LINKSHÄNDER

Drei von ihnen wurden dies allerdings erst, nachdem sie ihre rechte Hand im Kampf verloren hatten.

Wollen Sie sich drei Kleeblatt-Blätter verdienen?

Dann verraten Sie mir bitte, um welche drei Personen es sich dabei handelt.

- ☐ Alexander der Große
- ☐ Gaius Julius Cäsar
- ☐ Kaiser Tiberius
- ☐ Carl Philipp Emanuel Bach
- ☐ Ludwig van Beethoven
- ☐ Leonardo da Vinci
- ☐ Michelangelo Buonarroti
- ☐ Johann Wolfgang von Goethe
- ☐ Gottfried von Berlichingen
- ☐ Heinrich Heine
- ☐ Königin Elisabeth II.
- ☐ König Georg II.
- ☐ Lord Horatio Nelson
- ☐ Benjamin Franklin
- ☐ Harry S. Truman
- ☐ Gerald Ford
- ☐ Greta Garbo
- ☐ Marilyn Monroe
- ☐ Judy Garland
- ☐ Charlie Chaplin
- ☐ Danny Kaye
- ☐ Paul McCartney
- ☐ Waldemar Wittgenstein
- ☐ Cole Porter

Augenblick bitte, nur einen Moment!

Sie benötigen ja noch eine vierte Frage, um ein Spitzenkleeblatt gewinnen zu können.

Wo hole ich mir jetzt nur schnell einen vierten Links-/Rechtshänder her?

Ich finde einfach keinen.

Doch zum Gück fällt mir da etwas ganz Ausgefallenes und nicht einmal so Unpassendes ein:

Der hier abgebildete Herr — zweifellos auf seinem Gebiet ebenfalls zu den „Spitzen" gehörend — schuf für einen der drei gewaltsam zu Linkshändern gewordenen Personen ein außergewöhnliches Werk.

Bitte, wer ist der Herr?

Was schuf er?

(Sie brauchen mir selbstverständlich nur eine der beiden Fragen zu beantworten. Dann haben Sie ehrlich Ihr zusätzliches Kleeblatt-Blatt verdient, und ich wünsche Ihnen von Herzen, daß Sie sich auch die anderen drei holen konnten.)

Ursprünglich Rechtshänder waren:

1. Admiral Lord Horatio Nelson (1758-1805), der vor allem durch seinen Sieg bei Trafalgar berühmt wurde, mit dem er Großbritannien an die Spitze der Seemächte hob.

   Er verlor bei seinen Kämpfen nicht nur den rechten Arm, sondern auch das rechte Auge.

   (Fast noch unsterblicher machte ihn jedoch sein vielbesungenes Verhältnis mit der schönen und vielporträtierten Lady Hamilton.)

2. Gottfried (Götz) von Berlichingen (1480-1562) ist einer der großen Repräsentanten des deutschen Rittertums.

   Unsterblich geworden durch seine „eiserne rechte Faust“ und durch Goethes Schauspiel mit einer ganz bestimmten Textstelle, die gewiß auch Ihnen so geläufig ist, daß ich sie hier nicht zu zitieren brauche.

   Um Ihnen jedoch ein besonderes Vergnügen zu bereiten, bekommen Sie von mir eine genaue technische Beschreibung dieser rechten Hand aus einer hundertjährigen Ausgabe des „Großen Brockhaus“ zu sehen.

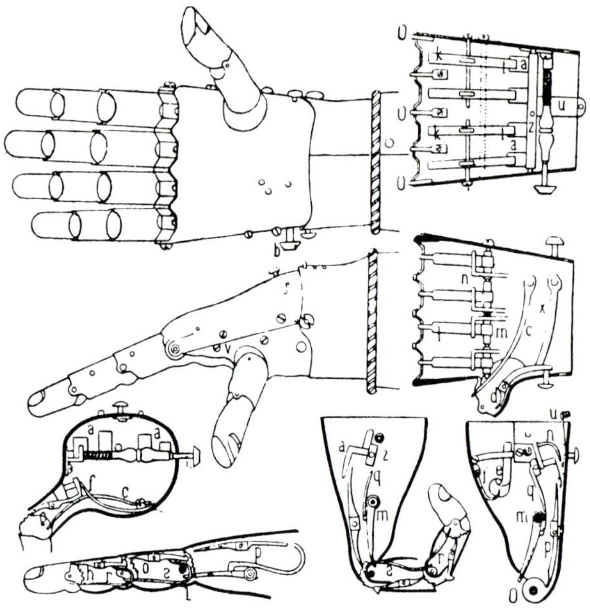

3. Der Wiener Pianist Wittgenstein verlor im 1. Weltkrieg seinen rechten Arm.

4. Das Bild auf Seite 67 zeigt den Komponisten Maurice Ravel (1875-1937).

   Für den Pianisten Waldemar Wittgenstein schuf er sein „Klavierkonzert für die linke Hand“.

   Maurice Ravel selbst wurde vor allem durch seinen „Boléro“ weltberühmt, den er 1928 für die Tänzerin Ida Rubinstein schrieb. Darin läßt er eine Melodie von genau 16 Takten neunzehnmal wiederholen.

Wertung

1 Richtig	2 Richtige	3 Richtige	4 Richtige

Liebe Jungen und Mädchen,

man hat mir „gesteckt", daß Ihr auch mal so was „richtig Irres" von mir haben wollt.

Nun bedeutet „irr" und „irr" in Eurer Sprache nicht immer dasselbe, und deshalb habe ich mich kurzerhand entschlossen, Euch auf den beiden folgenden Seiten in einen Irrgarten, ein sogenanntes „Labyrinth" zu führen.

Ihr wißt, was das ist?

Man bekommt gezeigt, wo man hineinzugehen hat — dazu benutzt Ihr am besten den Zeigefinger —, und dann geht's weiter, immer an der Wand lang, bis man beim Spitzenkleeblatt angelangt und wieder draußen ist.

Verzieht nicht das Gesicht und mault, sowas wäre ja kinderleicht, denn ganz so einfach habe ich es Euch nicht gemacht. Ich habe nämlich in mein Labyrinth drei kleine Fallen eingebaut. Mit simplen Streichhölzern.

Für jede Streichholzaufgabe, die Ihr auf Eurer Wanderung nicht gelöst haben solltet, fällt ein Blatt von Eurem Spitzenkleeblatt ab.

Na seht Ihr, das kommt davon, wenn man von mir unbedingt „was Irres" haben will.

Jedenfalls habe ich Euren Wunsch erfüllt, und dafür löst Ihr mir jetzt gefälligst die drei Streichholzaufgaben.

(Für die ganz Jungen von Euch: Spielt nichts anderes mit den Streichhölzern, und versucht vor allem nicht, damit Feuer zu machen!)

In der **ersten** Falle seht Ihr einen Hund, und der schaut nach rechts. Bitte, laßt ihn einmal nach links blicken, indem Ihr zwei Hölzchen umlegt.

Mit drei Hölzchen würde es so aussehen:

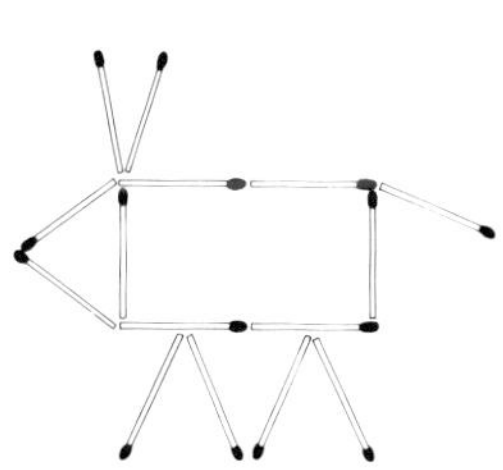

In der **zweiten** Falle seht Ihr drei Quadrate. Bitte, legt irgend ein Hölzchen davon beiseite und baut die restlichen so um, daß abermals ein Bild mit drei Quadraten entsteht.

In der **dritten** Falle seht Ihr ein Glas mit einer Kirsche darin. Für das Glas benötigen wir lediglich vier Hölzchen. Statt der Kirsche nehmt Ihr einfach einen Pfennig. Und jetzt berührt ausschließlich zwei Hölzchen und schafft es, daß sich Euer Pfennig außerhalb eines unversehrten Glases befindet.

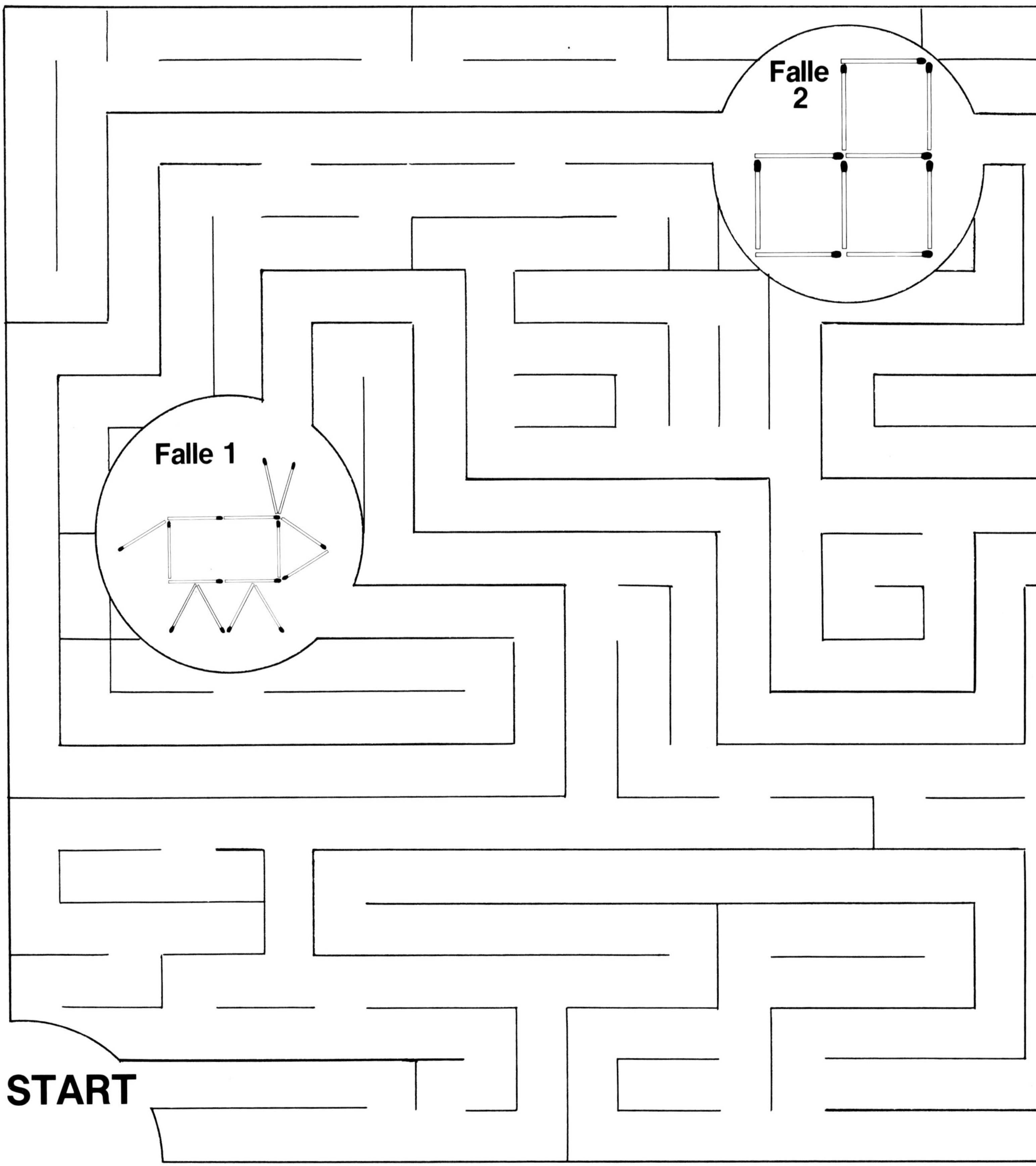
Falle 2
Falle 1
START

ZIEL
Falle 3

So sehen die drei Lösungen aus:

1

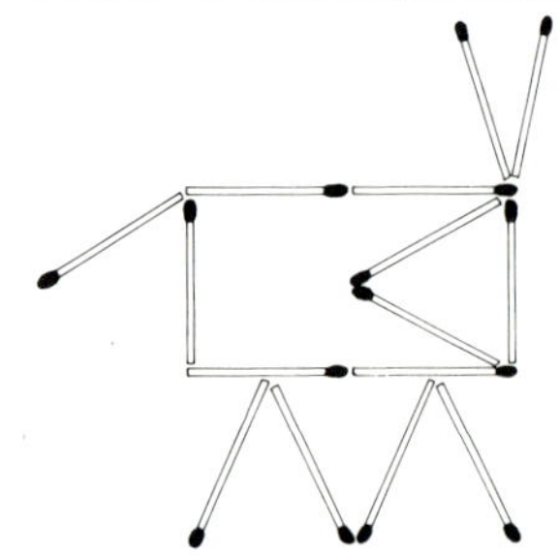

2

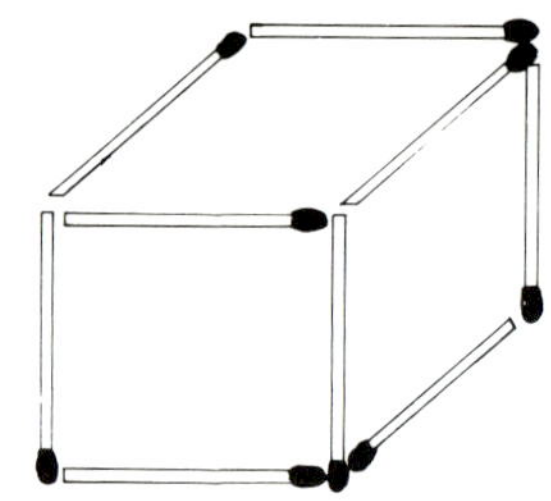

3

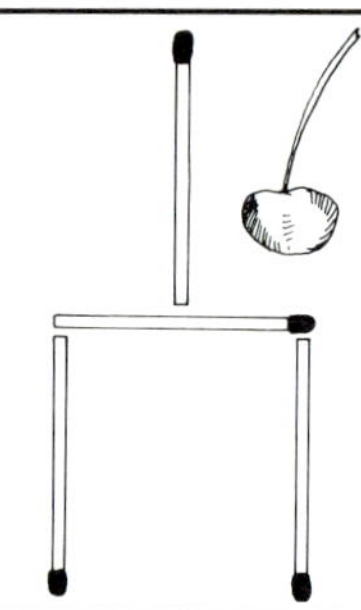

Mit Streichholzspielen sind schon ganze Bücher gefüllt worden, denn man kann damit so manch verblüffende Streiche machen.

Und ich wollte Euch hier lediglich auf den Geschmack bringen. Schließlich gibt (oder gab) es für jeden von Euch irgendwann einmal ein erstes Streichholzspiel.

Und solch ein Irrgarten ist genau die passende Umgebung dafür, dachte ich mir.

Die Profis unter Euch werden mir also verzeihen, falls ich es ihnen zu leicht gemacht haben sollte.

Bonbons oder Schokolade würde ich mir trotzdem von den Eltern abholen.

Wertung

Glücklich gelandet und alles gelöst

Eine Streichholzaufgabe verpatzt

Zwei Streichholzaufgaben verpatzt

Alle Streichholzaufgaben verpatzt

Ein paar Sekunden zum Verschnaufen.

Ich könnte auch sagen:

„Lassen Sie uns kurz ein wenig ‚blau' machen."

Halten Sie es für möglich, daß Leute Krokodile so in ihr Herz geschlossen haben (bitte erinnern Sie sich dabei an die Frage 16 von Herrn Knigge), daß sie jene sogar mit in ihre Badewanne zu nehmen pflegen?

Zwecks gemeinsamer Körperpflege.

ja? **nein?**

Unabhängig davon, wie Sie entschieden haben — ehrlich: würden Sie ebenso handeln?

Für den Fall, daß Sie das **„ja"** angekreuzt haben.

Sooooo'n Bart

Ich glaube, Sie ahnen noch nicht so recht, was sich mit Bärten alles anfangen läßt.

Drei Spiele habe ich Ihnen da anzubieten.

Fangen wir mit der ersten Aufgabe an:

Fein säuberlich gezeichnet sehen Sie hier acht Bärte.

Bitte verraten Sie mir, welche Namen diese einzelnen Bärte tragen.

Wetten, einiges wird Ihnen dazu schon einfallen?

Und für jeden richtig bezeichneten Bart erhalten Sie von mir ein halbes Kleeblatt-Blatt, das heißt, für jeweils zwei gibt es eins, und haben Sie es auf acht gebracht, besitzen Sie das erste Spitzen-Kleeblatt in dieser Reihe von drei Spielen.

Abgemacht?

1 ist ein Schnurrbart
2 ist ein Vollbart
3 nennt man „Fliege“
4 ist ein Schnauzbart
5 wird als „Kotelett-Bart“ bezeichnet
6 ist ein Knebel- (samt Spitz-) Bart
7 ist ein Backenbart
8 ist ein Stutzbart

Zu all diesen Angaben mußte ich in mehreren Lexika nachschlagen.
Hoffentlich taten Sie's auch.

Und das ist der längste Bart der Welt. Sein Besitzer, John Roy, ist stolz darauf, im „Guiness Buch der Rekorde“ zu stehen mit 157 cm!

Wertung

2 richtige Bärte

4 richtige Bärte

6 richtige Bärte

8 richtige Bärte

Auf, auf zum Kampf um das zweite Spitzenkleeblatt!
(Nur keine Müdigkeit vorschützen.)

Die nächste Aufgabe lautet:

1. Frage: Der Vollbart (2) erhielt Mitte des vorigen Jahrhunderts einen ganz bestimmten volkstümlichen Namen. Deshalb war er ja wohl auch der Lieblingsbart von einem Herrn Karl Heinrich Marx (1818-1883).

Wie wurde dieser Bart genannt?

2. Frage: Können Sie mir einen weltbekannten Fliegenträger nennen?
(Die Antwort muß nicht unbedingt politisch sein.)

3. Frage: Der deutsche Kaiser Wilhelm II. (1859-1941) ist ohne seinen typischen Bart geradezu unvorstellbar. Welche Bezeichnung gab der Volksmund diesem Bart (1)?

4. Frage: Es gibt auch ein sogenanntes „Menjou-Bärtchen".
Wer war Menjou?

Und die dritte Aufgabe folgt sogleich:

1. Frage: Nennen Sie mir doch bitte den richtigen Namen von Kaiser Barbarossa.
(„Barbarossa" heißt auf deutsch „Rotbart".)

2. Frage: Welcher Bart spielt in einem der bekanntesten Studentenlieder eine ganz besondere Rolle?

3. Frage: Welcher Bart war irgendwo einmal für das Rechtswesen von ganz besonderer Bedeutung?

4. Frage: Welches ist der meistgetragene Bart?

Zweimal „Spitze" hintereinander!
Ist das kein Angebot?

Die Lösungen:

Zur zweiten „Bartaufgabe“:

1. Dieser mächtige Vollbart wurde „Demokratenbart“ genannt.

2. Natürlich dachte ich hier an allererster Stelle an den einmaligen Filmschauspieler Charlie Chaplin (1889-1977).

3. Der Spitzname dieses mit großer Sorgfalt hochgezwirbelten Bartes lautete: „Es ist erreicht“.

4. Adolphe Jean Menjou (1890-1963) war amerikanischer Filmschauspieler und spielte mit Vorliebe die Rolle des französischen Dandys und Liebhabers. Sein Bart war sein Markenzeichen und machte längere Zeit Schule.

Wertung				
	1 Frage richtig beantwortet	2 Fragen richtig beantwortet	3 Fragen richtig beantwortet	4 Fragen richtig beantwortet

Zu meiner letzten „Bartaufgabe“:

1. „Barbarossa“ war der bedeutende Hohenstaufenkaiser Friedrich I. Er wurde um 1122 geboren, führte um 1189 den dritten Kreuzzug und ertrank 1190 im Flusse Salef in Kleinasien.

   Außer durch seinen Bart lebt er auch in der „Kyffhäusersaga“ weiter.

2. „Ich bin der Doktor Eisenbart“. In diesem Lied wird er als berühmtester deutscher Quacksalber und Kurpfuscher dargestellt. Johann Eysenbarth (1663-1727) soll jedoch ein tüchtiger „Wanderchirurg“ gewesen sein, der zur damaligen Zeit bereits seine Instrumente durch Ausglühen sterilisierte.

3. Haben Sie noch nie etwas von einem Schwur „Beim Barte des Propheten“ gehört?

4. Das geschweifte Ende des Schlüssels wird „Schlüsselbart“ genannt, der die Verriegelung eines Schlosses öffnet oder schließt. Es dürfte auf der Welt mehr Schlüssel als richtige Bärte geben.

Wertung				
	1 Frage richtig beantwortet	2 Fragen richtig beantwortet	3 Fragen richtig beantwortet	4 Fragen richtig beantwortet

Noch eine illustre Gesellschaft

Wiederum zwei Dutzend bekannte Namen, die alle etwas miteinander gemein haben.

Das heißt: Vier von ihnen fallen diesmal aus dem Rahmen.

Für jeden dieser vier gibt es jeweils ein Kleeblatt-Blatt zu gewinnen.

Aber zuvor müssen Sie natürlich herausbekommen haben, was es mit dieser Gemeinsamkeit der zwanzig auf sich hat.

Sonst geht das Ganze nämlich nicht.

Salome
biblische Tänzerin mit dem Haupt Johannes des Täufers

Yul Brynner
amerikanischer Schauspieler

Woody Allen
amerikanischer Schauspieler

Sinclair Lewis
amerikanischer Schriftsteller

Elisabeth Flickenschild
deutsche Schauspielerin

Pablo Picasso
spanischer Maler

Thomas Jefferson
3. Präsident der USA

Mark Twain
amerikanischer Schriftsteller

Tizian
italienischer Maler

Elisabeth I.
englische Königin

Winston Churchill
englischer Politiker

Gustaf Gründgens
deutscher Schauspieler

Friedrich von Schiller
deutscher Dichter

George Washington
1. Präsident der USA

William Shakespeare
englischer Dramatiker

Nero
römischer Kaiser

Swetlana Stalin
Tochter von Josef Stalin, Schriftstellerin

Heinrich VIII.
englischer König

Milva
italienische Sängerin

Dschingis Chan
mongolischer Eroberer

Oliver Cromwell
britischer Staatsmann

Katharine Hepburn
amerikanische Filmschauspielerin

Napoleon Buonaparte
1. französischer Kaiser

George Bernard Shaw
irischer Dramatiker

Wenn ich mir dieses Durcheinander so ansehen, bekomme ich fast so was wie ein schlechtes Gewissen.

Passen Sie auf!

Ich will Ihnen etwas verraten:

Es handelt sich hier um die Haarfarbe, welche alle miteinander gemein haben. Das heißt, vier berühmte Glatzköpfe habe ich Ihnen daruntergemixt. Die gilt es herauszufinden.

Für jeden, der eine Glatze hat, ein Kleeblatt-Blatt.

Ich glaube, das ist ein faires Angebot.

Bitte, schauen Sie sich daraufhin das Ganze nochmals genau an. Und bedenken Sie: Man darf niemals alles allzu schwarz sehen.

Sie alle sind
ROTSCHÖPFE

Mit Ausnahme der Glatzköpfe

Pablo Picasso

Gustaf Gründgens

Dschingis Chan

Yul Brynner

(Wenn Sie statt einen dieser vier Shakespeare als Glatzkopf kreiert haben sollten, lasse ich das gleichfalls gelten, obwohl sich darüber verschiedene Gelehrte bis heute streiten. Man weiß ja noch immer nicht so recht, ob **er** die einmaligen Komödien und Dramen verfaßt hat oder ein anderer Mann gleichen Namens.)

Wertung

Für einen Glatzkopf	Für zwei Glatzköpfe	Für drei Glatzköpfe	Für vier Glatzköpfe

Auf dem Rücken der Pferde schwebt ein Reiter normalerweise etwa 170 Zentimeter hoch über der Erde.

Zum Gebrauch für Kinder hat man das bei weitem kleinere Pony entwickelt.

Aber ich will mich mit Ihnen hier nicht über die einzelnen Ponyrassen unterhalten, sondern Sie lediglich fragen:

Wie hoch, schätzen Sie, ist das zur Zeit als „kleinstes Pferd der Welt“ bekannte Pferd?

(Eine kleine Hilfe: Bei der „Deutschen Dogge“ beträgt die Rückenhöhe normalerweise zwischen 90-100 cm.)

um 25 cm?

um 50 cm?

um 70 cm?

um 90 cm?

um oder über 100 cm?

Die Stute „Tiny Tina“ ist genau neunundvierzig Zentimeter groß. Sie ist der kleinste Stolz ihres Züchters Bob Pauley, der sich in seiner „Hobby Horse Farm“ in Hanover (Staat Virginia im Osten der USA) auf das Züchten von „Minipferden“ verlegt hat.

Nahezu alle seiner rund 120 Pferde sehen aus, als seien sie dem Kinder-Sandkasten entsprungen.

Viele möchten gern so ein Pferd von ihm erwerben, doch Bob will genau wissen, ob der Käufer lediglich an einem zusätzlichen Spielzeug für eines seiner verwöhnten Kinder interessiert ist, oder ob mehr dahintersteckt.

An Interessenten ohne Pferdeverstand verkauft Bob Pauley seine Lieblinge grundsätzlich nicht.

Er selbst hat drei Kinder, und alle sind begeisterte Reiter. Sein jüngstes, der Sohn Mark, fing mit knapp zwei Jahren (noch in den Windeln) an zu reiten.

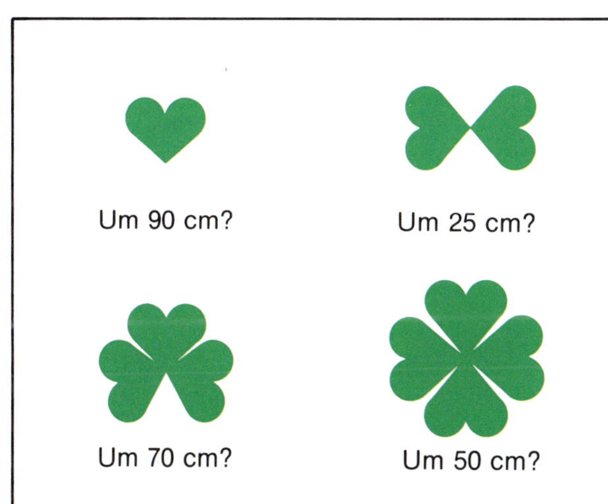

Ausflüge in die Umwelt von weltumwälzender Bedeutung

Auf diesen Seiten habe ich es, genaugenommen, auf Ihr Gedächtnis abgesehen, zumindest bei Lesern, die inzwischen die Vierzig überschritten haben, da Sie alle die folgenden Ausflüge in den Weltraum aus nächster Nähe (am Bildschirm) miterleben konnten, und die Jüngeren unter Ihnen dürften vom Hörensagen auch so einiges davon erfahren haben.

Die erste Frage: Am 12. April 1961 fand der erste bemannte Raumflug statt. Nach 108 Minuten (d.h. nach einem Erdumlauf) landete der Sowjetrusse Juri Alexejewitsch Gagarin wieder wohlbehalten auf der Erde.

Welchen Namen trug sein Raumfahrzeug (damals noch „Raumkapsel" genannt)?

Die zweite Frage: Am Sonntag, den 20. Juli 1969 um 21 Uhr 19 MEZ landete bekanntlich die Mondfähre „Eagle" auf dem Mond im „Meer der Ruhe".

Am 21. Juli, morgens kurz nach 7 Uhr wurde die Leiter herabgelassen.

Als der Kommandant des Mondlandefahrzeugs, Neil Alden Armstrong, deren unterste Sprosse erreichte und als erster Mensch seinen Fuß auf den Boden des Mondes setzte, sprach er einen berühmten Satz.

Ich biete Ihnen drei zur Auswahl an. Welcher war's?

A. „Verdammt nochmal, jetzt komme ich mir doch tatsächlich vor wie der Mann im Mond."

B. „Dies ist ein kleiner Schritt für einen Menschen, doch für die Menschheit ein Riesensprung vorwärts."

C. „Dadurch ist jetzt der Himmel zu einem Teil der menschlichen Welt geworden."

Die dritte Frage: Als erstes von Menschenhand gefertigtes Gerät verließ am Montag, den 13. Juni 1983 die amerikanische Wundersonde „Pionier 10“ unser Sonnensystem.

Seit mehr als elf Jahren unterwegs, legte sie bisher nahezu sechs Milliarden Kilometer zurück und wird mit einer Stundengeschwindigkeit von knapp 50 000 Kilometern weiter ins Weltall vorstoßen. Etwa einhunderttausend Funksignale hat „Pionier 10“ bisher zur Erde gesandt, und man hofft, noch mindestens weitere 10 Jahre beständig „Neues“ von ihr zu hören.

Ob die Sonde jemals auf außerirdische Intelligenz stoßen wird, ist unmöglich vorauszusagen. Jedenfalls wurde ihr eine vergoldete Aluminium-Platte von 15,2 x 22,9 Zentimeter Größe mit auf die Reise gegeben, in die man eine Zeichnung eingeritzt hat, die, für den Fall, daß „Pionier 10“ in Millionen von Jahren irgendwo in einem fernen Sternensystem doch womöglich auf intelligente Lebewesen stoßen sollte, Auskunft über seine Herkunft geben soll.

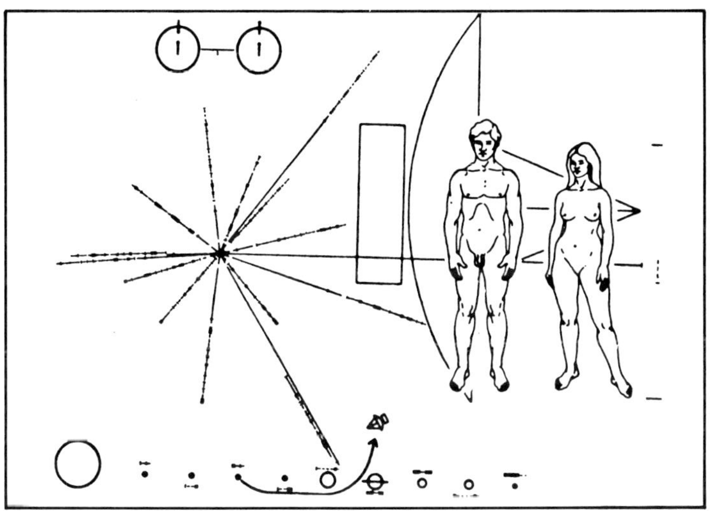

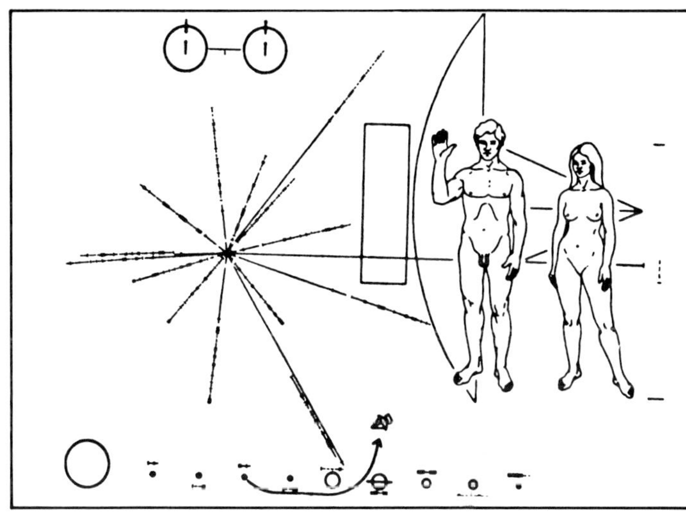

Ich zeige Ihnen eine getreue Abbildung des Originals und eine leicht abgeänderte Zeichnung.

Welche ist die „Richtige“?

Kreuzen Sie bitte an. Links oder rechts.

☐ ☐

Die vierte Frage: Natürlich handelt es sich dabei um die Weltraumfähre „Challenger“. Sonst sähe es ja aus, als hätten bei mir ausschließlich Männer Zutritt zum Weltraum.

Nun, wie Sie wissen, flog in der „Challenger“ zum ersten Mal eine Amerikanerin mit. Miß Sally Ride, 32 Jahre alt und Doktorin der Astro-Physik.

Bitte, können Sie mir sagen, was während des Fluges (mit vier weiteren männlichen Wesen dabei) die ganz spezielle Aufgabe von Miß Sally Ride war?

Lösungen der Raumfahrtaufgaben:

1. Die russische Raumkapsel trug den Namen „Wostok 1" und war 4,72 Tonnen schwer.
   J. A. Gagarin (geboren 1934) kam tragischerweise 1968 ausgerechnet beim Absturz eines Düsenflugzeugs in der Nähe von Moskau ums Leben.
   Der erste Deutsche im Weltraum heißt Sigmund Jahn (geboren 1937). Er war seinerzeit Oberleutnant der Luftwaffe der Volksarmee der DDR und startete am 26. August 1978 zusammen mit dem Sowjetrussen V. F. Bykowskj in der Raumfähre „Sojus 31".

Bitte, gestatten Sie mir hier eine kleine Zwischenfrage:
Können Sie mir auf Anhieb sagen, wie man Raumfahrer der UdSSR und Raumfahrer der USA nennt?*

2. Der erste meiner drei angebotenen Sätze sollte natürlich nichts weiter als ein kleiner Scherz sein.
   Der zweite wurde von Armstrong gesprochen. Der dritte Satz ist dem Funkgespräch entnommen, das Präsident Nixon mit den Astronauten nach der geglückten Mondlandung führte.
   (Als zweiter stieg E. E. Aldrin über die kleine Leiter auf die Mondoberfläche, während der dritte Astronaut, Michael Collins, im Raumschiff weiter den Mond umrundete.)

3. Die Zeichnung rechts ist die Richtige. Die Abbildungen von Mann und Frau sollen den möglichen Empfängern zeigen, wie die Schöpfer dieser Raumsonde ausgesehen haben.
   Die erhobene rechte Hand des Mannes ist dabei als Friedensgeste zu deuten.

4. Sally Ride hatte den Kranarm zu bedienen, der neben dem kanadischen und dem indonesischen Satelliten auch den deutschen Satelliten „Spas Ol" aus der Frachtluke ins All beförderte und sie nach exakt neun Stunden mit dem Greifer des Krans wieder einfing und in die Weltraumfähre zurückholte.

* Kosmonauten nennt man die Raumfahrer in der UdSSR, und Astronauten werden in den USA die Raumfahrer genannt.

Sollten Sie alle vier Fragen richtig beantwortet haben, wären Sie tatsächlich eine Spitze im Weltraum.

Wertung

Eine Frage richtig	Zwei Fragen richtig	Drei Fragen richtig	Vier Fragen richtig

Knopf oder Bonbon

Wollen wir mal ein wenig miteinander schwindeln, um zu sehen, was dabei herauskommt?

Ich habe mir hierzu einen kleinen Test ausgedacht, bei dem deutlich werden soll, wie leicht sich nahezu jeder von uns zu kleinen Ausreden oder Schwindeleien verführen läßt.

Wozu schwindelt der Mensch?

Nun, ich meinerseits wage da zu behaupten: in erster Linie, um Komplikationen zu vermeiden.

Rein automatisch suchen wir oft den bequemsten Ausweg, den Weg des geringsten Widerstandes.

Das folgende Spiel können wir sowohl allein als auch in größerem Kreis spielen. Was dazu benötigt wird, sind zwei Schalen. In der einen — ich bezeichne ihren Inhalt im folgenden kurzerhand mit „Bonbon" — befinden sich Süßigkeiten, aber auch Salz- und Käsegebäck. Alles möglichst bunt gemischt. Besonderen Spaß bereitet das Spiel, wenn darunter auch einige besonders feine Pralinen zu finden sind. In die andere Schale mischen Sie bitte Knöpfe — so bezeichne ich deren Inhalt während des Spiels — mit Pfennigstücken, Dominosteinen und dergleichen.

Für jeden Mitspieler müssen in der einen Schale zwölf „Bonbons" und in der anderen Schale zwölf „Knöpfe" bereitliegen.

Bei allen von mir gestellten Fragen gibt es zwei Antwortmöglichkeiten. Entscheidet man sich für „Bonbon", darf man sich ein Stück aussuchen, das aber auch sofort konsumiert werden muß. Entscheidet man sich für „Knopf", legt man das aus der Schale ausgewählte Stück vor sich auf den Tisch.

Ich habe mich bemüht, Fragen auszusuchen, bei denen man für beide Seiten Verständnis haben kann.

Meistenteils jedenfalls.

1. Frage Angenommen, Sie führen in einer Telefonzelle ein kurzes Ferngespräch und entdecken dabei einen Defekt am Apparat: Die Geldschaltung funktioniert nicht. Er schluckt einfach kein Geld. Das Gespräch kostet Sie also nichts.

Rufen Sie daraufhin kurzerhand möglichst viele Ihrer Freunde und Verwandten in ganz Deutschland an?

Dann erhalten Sie einen 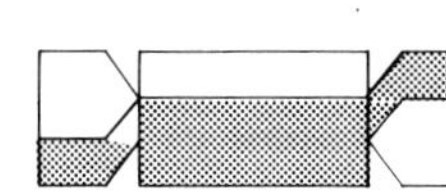

Führen Sie Ihr Gespräch wie geplant zu Ende, nehmen erfreut Ihr Geld zurück, sagen den draußen Wartenden: Das Gespräch hier drinnen kostet nichts und gehen weiter Ihres Wegs?

Dann erhalten Sie einen 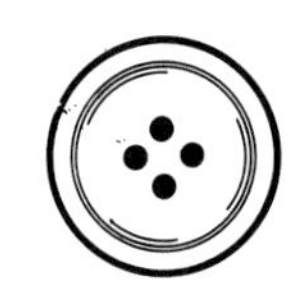

2. Frage Pflegen Sie Neuigkeiten, gleichgültig, ob sie vom Fernsehen, aus Zeitungen oder von Mund zu Mund stammen, bei der Weitergabe gern ein wenig auszuschmücken, um sie dadurch deutlicher werden zu lassen? Wenn „ja", nehmen Sie sich bitte einen 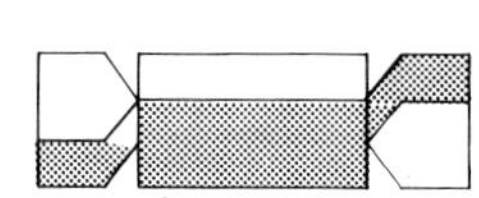

Wenn Sie lieber rein sachlich bleiben, erhalten Sie von mir einen 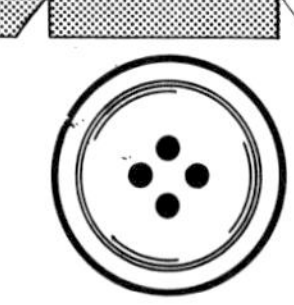

3. Frage Sie sind auf eine bestimmte Zeitschrift abonniert. Da kommt Ihr Nachbar und fragt, ob Sie noch die vorvorige Nummer hätten. Es gäbe nämlich darin einen bestimmten Artikel, der ihn ganz besonders interessieren würde.

Sie wissen nicht genau, ob Sie die Zeitschrift noch besitzen. Außerdem läuft im Fernsehen gerade ein spannender Krimi.

Versuchen Sie die Zeitschrift zu finden?

Dann erhalten Sie einen

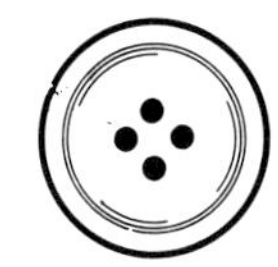

Sagen Sie, Sie hätten die alte Nummer leider längst weggeworfen? Dann nehmen Sie sich bitte einen

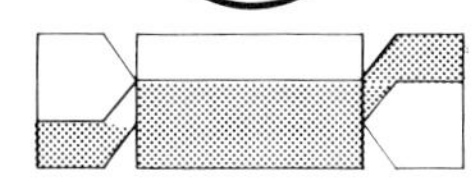

4. Frage Im Briefkasten finden Sie neben Ihrer Post auch einen Umschlag, der für jemanden auf der Straße gegenüber bestimmt ist. Sichtlich hat sich der Briefträger geirrt. Aber es scheint sich lediglich um eine Drucksache zu handeln. Ganz sicher sind Sie sich dessen jedoch nicht. Draußen regnet es in Strömen.

Ziehen Sie sich an, und bringen Sie dann den Brief an seinen richtigen Bestimmungsort und werfen ihn dort in den Briefkasten? Dann bekommen Sie einen schönen runden

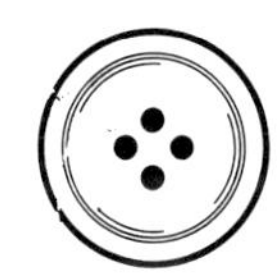

Öffnen Sie den Brief und stellen beruhigt fest, daß er tatsächlich ohne jede Bedeutung gewesen ist und werfen ihn beruhigt weg?

Dann bekommen Sie einen

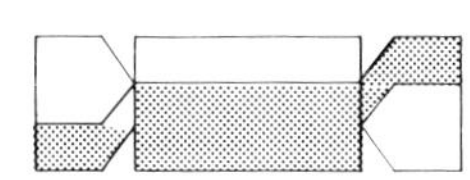

5. Frage Das Telefon klingelt. Sie heben ab und stellen sogleich fest, daß sich da jemand verwählt hat.

Legen Sie ohne ein Wort kurzerhand auf (um dem Fremden Geld sparen zu helfen)? Dann erhalten Sie einen

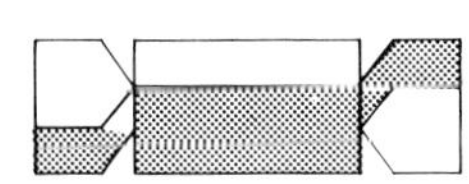

Versuchen Sie dem Anrufer deutlich zu machen, wieso er sich verwählt hat, indem Sie ihm Ihren Namen und Ihre Telefonnummer nennen? Dann bekommen Sie einen

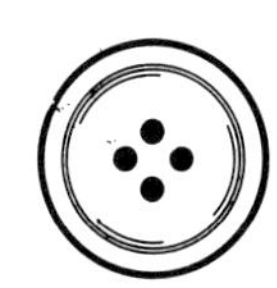

6. Frage In der Fernsehsendung XY wird nach etwas Bestimmten gesucht. Sie glauben ein nicht ganz nebensächliches Detail beisteuern zu können und versuchen anzurufen.

Es ist jedoch besetzt.

Versuchen Sie es unermüdlich weiter und geben erst nach einer Stunde vergeblichen Wählens auf? Dann erhalten Sie einen

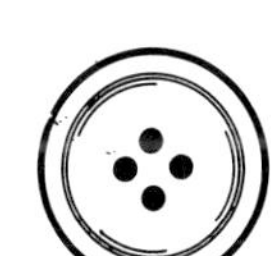

Denken Sie gar nicht daran, sich solch unnütze Mühe zu machen, da doch ohnehin besetzt sein wird?

Dann nehmen Sie sich gefälligst bitte einen

7. Frage Beim Ausscheren auf einem Parkplatz entsteht bei einem Wagen vor oder neben Ihnen ein genau 2 cm langer, kaum wahrnehmbarer, kleiner Kratzer.

Kein Mensch weit und breit.

Fahren Sie weiter, weil der „Schaden“ wirklich nicht der Rede wert ist? Dann bekommen Sie auch einen 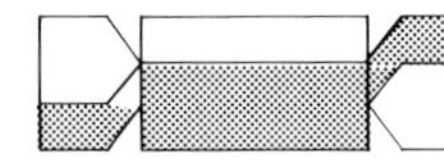

Schreiben Sie umständlich Namen und Adresse auf einen Zettel, obgleich Sie sicher sind, darauf nie eine Antwort zu erhalten?

Dann nehmen Sie sich eben einen 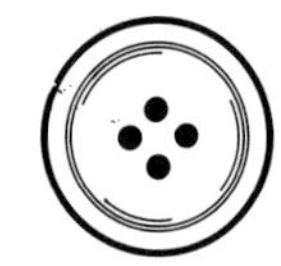

8. Frage Auf dem Bürgersteig liegt ein Zweimarkstück.

Heben Sie es auf und stecken es ein?

Dann erhalten Sie außerdem dazu noch einen 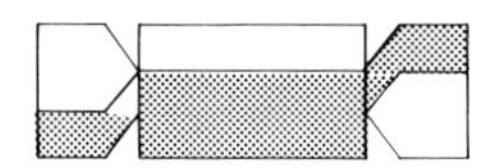

Lassen Sie es liegen und gehen weiter?

Dann erhalten Sie lediglich einen 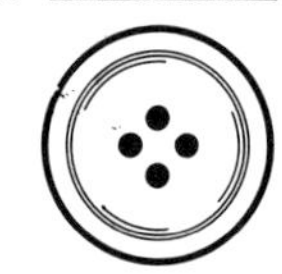

9. Frage Sie sind sich absolut sicher, in einer nicht allzu bedeutenden Sache völlig recht zu haben, etwas besser zu wissen.

Bestehen Sie auf Ihrem Standpunkt, auch wenn es darüber zu einem Streit kommt? Dann nehmen Sie sich bitte einen 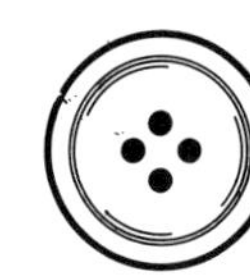

Zucken Sie die Achseln und schweigen lieber?

Dann nehmen Sie sich bitte einen 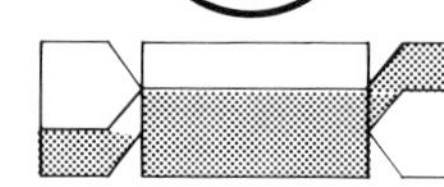

10. Frage Sie sind von wichtigen Geschäftsfreunden zum Essen eingeladen. Es schmeckt Ihnen nicht besonders, und Sie werden gefragt, wie es schmeckt.

Sagen Sie: „Doch ja, ausgezeichnet...“

Dann bekommen Sie zum Trost einen 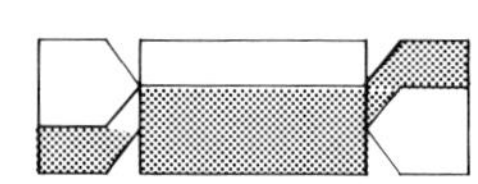

Fängt Ihre Antwort in etwa an: „Also, wenn ich ehrlich sein soll...“ Dann nehmen Sie sich eben einen 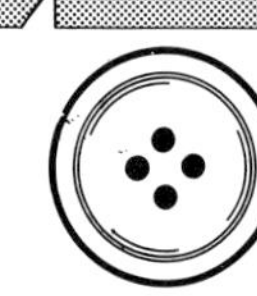

11. Frage Angenommen, Sie haben einmal ausnahmsweise wirklich verschlafen. Vielleicht haben Sie am Abend vorher vergessen, den Wecker zu stellen.

Sie sind niemandem Rechenschaft schuldig. Sagen Sie trotzdem, freundlich lächelnd: „Das war doch ein Scheißstau heute früh“ oder so ähnlich? Dann nehmen sie sich einen 

Erklären Sie schweratmend: „Verdammt noch mal, da habe ich doch tatsächlich verschlafen“ oder so?

Dann nehmen Sie sich einen 

12. Frage In einem größeren Kreis wird ein (übrigens guter) Witz erzählt, den Sie längst kennen.

Fallen Sie dem — Ihrer Meinung nach etwas lahmen — Erzähler ins Wort und servieren treffend die Pointe?

Dann bekommen Sie Ihren 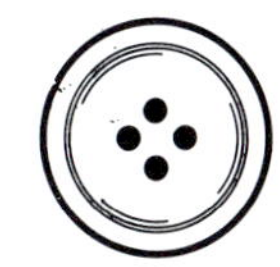

Lachen Sie brav mit den anderen mit, als hörten Sie den Witz zum ersten Mal?

Dann nehmen Sie sich zum letzten Mal Ihren letzten 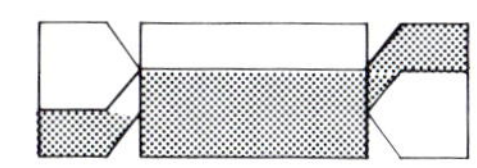

Wie sieht nun das Ergebnis aus?

Passen Sie auf:

Sollten Sie jetzt zwölf Knöpfe oder andere Gegenstände aus dem Knopfteller vor sich auf dem Tisch liegen haben, sind Sie gewiß ein Mensch, der es mit der Wahrheit genau, wenn nicht sogar übergenau nimmt. Ein Wahrheitsfanatiker sozusagen, der sich als solcher sein Spitzenkleeblatt ehrlich verdient hat, weil er der Wahrheit zuliebe sich auch nicht scheut, kleinere wie größere Unannehmlichkeiten mit in Kauf zu nehmen.

Je mehr nun die Zahl der Knöpfe bei jedem einzelnen abnimmt, desto mehr verringern sich auch die Kleeblatt-Blätter.

Ich würde sagen: Für jeweils drei fehlende Knöpfe fällt, um ehrlich zu sein, eines der Kleeblatt-Blätter ab. Bei neun Knöpfen steht das Kleeblatt also noch stolz dreiblättrig da, bei sechs sind es noch zwei Blätter und bei drei — nun, Sie wissen ja . . .

Aber seien Sie nicht traurig deswegen.

Dafür haben Sie doch auch einige Leckereien genossen, die Ihnen sonst versagt geblieben wären.

Auch mit der Wahrheit hat alles seine beiden Seiten (und um die Wahrheit ging es ja schließlich auch ausschließlich in diesem Spiel).

Und falls Ihnen die Süßigkeiten besonders gut geschmeckt haben sollten, würde ich dafür seelenruhig auch einmal eine „Fünf" gerade sein lassen.

Wertung

12 Knöpfe

9 Knöpfe

6 Knöpfe

3 Knöpfe

Wessen Unterschrift ist das wohl?

Auf diesen beiden Seiten führe ich Ihnen eine Autogrammsammlung berühmter Leute vor.

Wären diese Unterschriften alle echt, müßten Sie ein Vermögen dafür bezahlen.

Vierundzwanzig sind es insgesamt. Aus der Vergangenheit bis hin zur Gegenwart.

Ihre Aufgabe wird es nun sein herauszubekommen, wer alles die einzelnen Autogramme geschrieben hat, wessen berühmte Handschrift das jeweils ist.

(Sie wissen doch gewiß, worin der Unterschied zwischen „Autogramm“ und „Autograph“ besteht?)

1) 

2) 

3) 

4) 

5) 

6) 

7) 

8) 

10) 

9) 

11) 

12) 

Diesmal geht es bei uns fast zu wie beim Lotto: für je „Sechs Richtige“ erhalten Sie ein Kleeblatt-Blatt.

Und zum Schluß noch eine kleine Anregung:

In größerem Kreis kann man mit meinen Autogrammen sogar ein echtes Dalli-Dalli-Wettrennen veranstalten.

Man steckt über den beiden Seiten einfach die Köpfe zusammen, und gewonnen hat dann der, der als erster die vierundzwanzig richtig beieinander hat.

Doch Vorsicht!

Bitte nicht streiten!

Oft sieht manches auf den ersten Blick ganz anders aus, als hinterher beim zweiten.

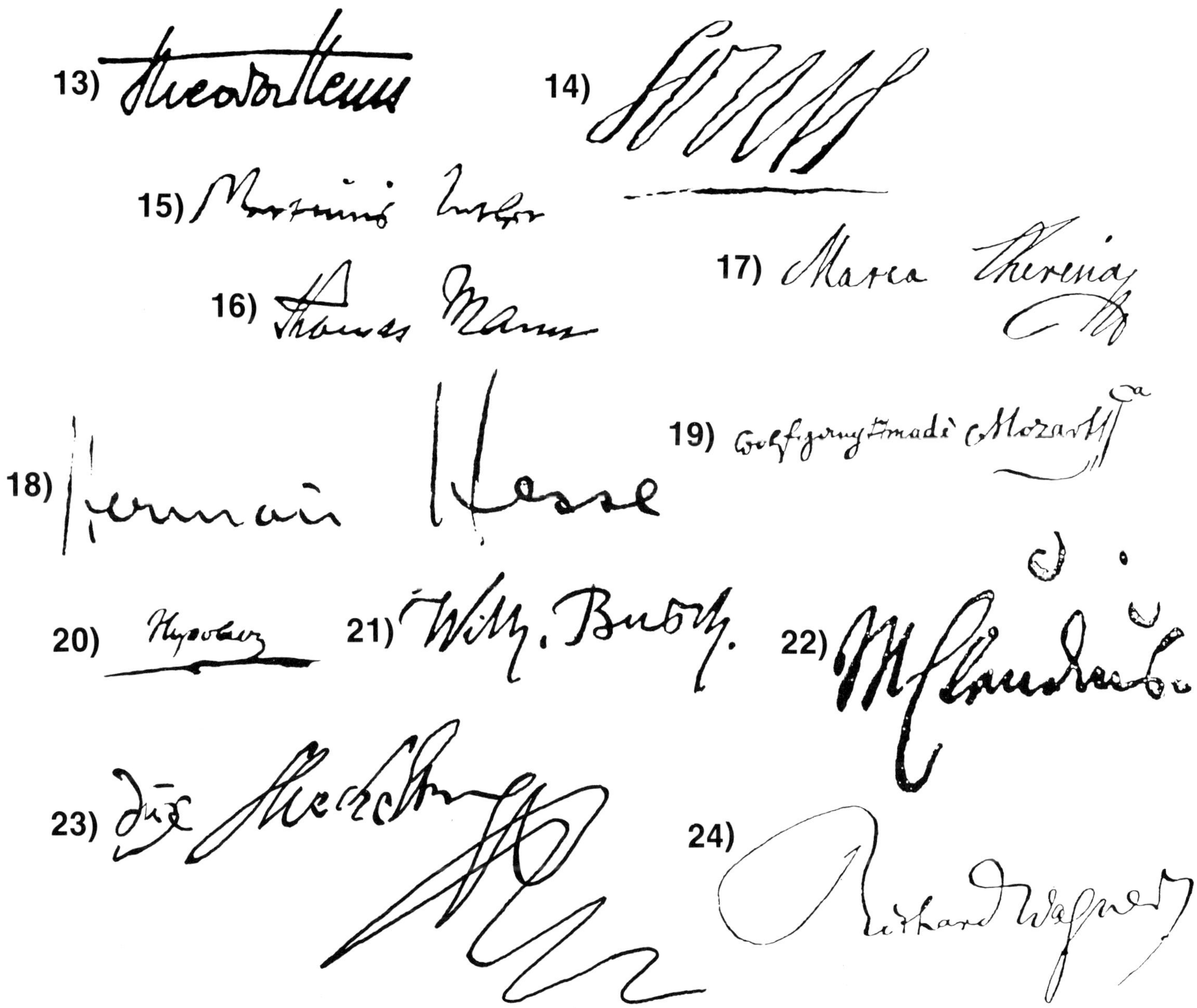

Die einzelnen Unterschriften stammen von

1 Christian Morgenstern
2 Johann Sebastian Bach
3 Ludwig van Beethoven
4 Bertolt Brecht
5 Karl Carstens
6 Marc Chagall
7 Frederic Chopin
8 Albert Einstein
9 Friedrich der Große
10 Mahatma Gandhi
11 Wolfgang von Goethe
12 Sepp Herberger
13 Theodor Heuss
14 Ludwig XIV.
15 Martin Luther
16 Thomas Mann
17 Maria Theresia
18 Hermann Hesse
19 Wolfgang Amadeus Mozart
20 Napoleon I.
21 Wilhelm Busch
22 Matthias Claudius
23 Albrecht von Wallenstein
24 Richard Wagner

Um vielleicht doch noch bestehende Unklarheiten über den Unterschied von „Autogramm" und „Autograph" zu beseitigen:

Bei Autogrammen handelt es sich ausschließlich um Unterschriften — auch mit Widmungen. Als Autograph gilt jede Art von handschriftlicher Arbeit wie Noten, Briefe oder Seiten von Manuskripten. Schon Bruchstücke davon können oft von hohem Wert sein.

Wertung

6 Richtige

12 Richtige

18 Richtige

24 Richtige

Die verflixte „Sieben“

Ursprünglich hatte ich die Absicht, mich beziehungsweise Sie an dieser Stelle mit der „Dreizehn“ zu beschäftigen.

Wie stets in solchen Fällen geht man als erstes auf die Suche.

Da werden Lexika gewälzt und wird in Fachbüchern geblättert, mit dem Erfolg, daß mich plötzlich eine völlig andere Zahl zu faszinieren begann.

Eben die sowohl „geheimnisvoll“ als auch „heilig“ genannte Sieben.

Es war unwahrscheinlich, was da plötzlich alles an Verbindungen zu dieser Zahl ans Licht kam. Ich selbst hatte es zunächst frei aus dem Kopf auf acht oder neun Zusammenhänge gebracht. Doch als ich ernsthaft nachforschte, was glauben Sie, wie ich da die Augen aufmachte.

Siebener über Siebener!

Und dabei zählen für mich die rein geografischen Verbindungen wie Siebengebirge oder Siebenbürgen überhaupt nicht.

Nein, plötzlich ergaben sich da selbstverständliche Bezüge, die ich im ersten Augenblick einfach übersehen hatte.

Nicht ohne Grund galt bereits im Altertum bei den Ägyptern, den Griechen oder den Hebräern die Sieben als heilige Zahl, zumal sie die Drei und die Vier (räumlich als Dreieck und Quadrat darstellbar) in sich vereint.

So, und jetzt überlegen bitte auch Sie einmal, was Ihnen im Zusammenhang mit dieser Zahl so alles einfällt.

Schauen Sie auch ruhig in Ihrem Lexikon nach. Irgendwas kommt immer noch hinzu. Und wenn Sie die ersten zehn oder zwölf zum Teil alltäglichen Verbindungen zu dieser Zahl aufgespürt haben, wird die „Sieben“ auch Ihnen plötzlich in einem völlig anderen Licht erscheinen.

Für je drei „Siebenerbeziehungen“ gibt es ein Kleeblatt-Blatt.

Ab zwölf haben Sie es zum Spitzenkleeblatt gebracht.

Hier einige Beispiele:

Natürlich beginnen wir mit den **sieben** Wochentagen.

Als nächstes folgen dann die **sieben** Töne der Tonleiter. Oder haben Sie die etwa vergessen?

Dann las ich von der ursprünglichen **Sieben**zahl der Himmelskörper (Mond, Merkur, Venus, Sonne, Mars, Jupiter, Saturn).

Außerdem gibt es am Himmel das „**Sieben**gestirn“ am Rücken des Stiers.

Aber haben Sie nicht auch schon von den **sieben** mageren und **sieben** fetten Jahren gehört? (Oder den Film „Sieben Jahre Pech“ gesehen?)

Und schwebten Sie nicht auch schon einmal unbeschwert und glücklich im sagenhaften **siebten** Himmel?

Und warum sind es bei Schneewittchen ausgerechnet **sieben** Zwerge und nicht sechs?

Warum sprach man in der Antike stets von den **sieben** Weltwundern? (Cheopspyramide, die hängenden Gärten von Babylon, die Statue des Zeus in Olympia, der Artemistempel von Ephesos, das Mausoleum von Halikarnassos, der Koloß von Rhodos und der Leuchtturm von Alexandria.)

Daß es einen siebenjährigen Krieg gab, halte ich für Zufall und zähle ihn nicht mit.

Aber in der Antike sprach man auch von den **sieben** freien Künsten (nämlich Grammatik, Arithmetik, Geometrie, Musik, Astronomie, Dialektik und Rhetorik).

Und in der mythischen Geschichte Griechenlands zogen **sieben** Helden gegen Theben, einer Stadt, die seltsamerweise **sieben** Tore besaß.

Den angeblich wetterbestimmenden **Sieben**schläfertag (27. Juli) hatten Sie gewiß gleichfalls auf Ihrer Liste eingetragen.

Aber wußten Sie auch, daß sämtliche Säugetiere **sieben** Halswirbel haben?

Und aus den Märchenbüchern sind Ihnen bestimmt „Die **sieben** Schwaben“ oder „Die **Sieben**meilenstiefel“ bestens bekannt.

Diese Liste läßt sich noch viel weiter fortführen.

Ich wollte Sie jedoch lediglich auf die Tatsache aufmerksam machen, daß es irgendwas auf sich haben muß, mit dieser verflixten Sieben.

Wertung

Für 3 Beispiele

Für 6 Beispiele

Für 9 Beispiele

Ab 12 Beispiele

Um wen handelt es sich?

Unser Bild zeigt eines der berühmtesten deutschen Pferde.

Wie heißt es?

Sein Name ist untrennbar mit dem deutschen Reitsport verbunden. Für passionierte Pferdeliebhaber und Reiter ein wahres Idol, und ein mit ihm auch nur über drei Ecken verwandtes Tier sein Eigentum zu nennen, ist ein Traum, den sich nur die allerwenigsten Pferdebesitzer leisten können.

Soll ich es Ihnen ein wenig leichter machen?

In seinem Namen finden Sie unter anderem die Buchstaben „e", „m", „t" und „r".

Und wenn Sie's herausbekommen haben, erhalten Sie von mir auch so ein richtig saftiges Spitzen-Kleeblatt, wie es die Pferde ganz besonders lieben.

(Nur werden sie von einem einzigen nicht so richtig satt.)

Haben Sie etwa auf Fritz Thiedemanns „Dicken“ (Holsteiner aus echtem Schrot und Korn) getippt, den weltberühmten „Meteor“, der noch im pensionsreifen Alter sagenhafte Sprungleistungen auf dem Parcours vorführte?

Dann wäre es allerdings falsch gewesen. „Meteor“ sieht nämlich so aus:

Bei der Aufnahme auf der vorigen Seite handelt es sich um

„TEMPELHÜTER“

der noch heute vor dem jetzt zur UdSSR gehörenden Gestüt in Trakehnen (einstmals Ostpreußen), als lebensgroße Statue, steht.

Nur eine Kopie davon gelangte in die Bundesrepublik Deutschland.

„Tempelhüter“ war mit über zweitausend direkten Nachkommen der berühmteste Beschäler dieses am 1. Mai 1732 (also vor über einhundertfünfzig Jahren) durch König Friedrich Wilhelm I. gegründeten Gestüts.

Eine kleine Gruppe seiner Enkel erreichte am Ende des 2. Weltkriegs im legendären „Großen Treck“ den Westen, wo heute die „Trakehner“ weitergezüchtet werden.

Sie gehören zu den edelsten und begehrtesten Reitpferden.

Ihr Brandzeichen ist eine Elchschaufel auf der rechten Keule.

Haben Sie richtig geraten, bekommen Sie von mir ein

KLICK!

Schon als kleiner Junge hatte ich eine Riesenfreude daran, wenn es bei mir hin und wieder einmal so richtig „klickte".

Mit diesem Wort „klicken" versuche ich das Gefühl zum Ausdruck zu bringen, das einen überkommt, wenn man die Lösung einer Aufgabe bereits fix und fertig im Kopfe hat, noch bevor die Frage voll und ganz gestellt ist.

Nun, mein „Klick" in Dalli-Dalli ist Ihnen wahrscheinlich bekannt, und es gehört zu den wenigen Spielen, die sich ohne allzu große Mühe vom Bildschirm auf die Buchseiten übertragen lassen.

Vier Bilderrätsel gebe ich Ihnen auf.

Mit zwei Puzzelchen von jedem — begleitet von einem kurzen Hinweis — fängt es auf den nächsten beiden Seiten an.

Sollten Sie schon daran eindeutig erkennen, um wen oder was es sich dabei handelt, haben Sie sich für jedes richtig gedeutete Bild ein Spitzenkleeblatt eingehandelt.

Verständlich, daß ich es Ihnen auf den ersten Doppelseiten mit vier Spitzenkleeblättern nicht ganz so einfach mache.

„Spitze" bleibt schließlich noch immer „Spitze" und gleich vier auf einmal...

Blättern Sie bitte um, und fangen Sie mit dem Raten an.

Auf den beiden übernächsten Seiten folgen dann weitere Puzzles und zusätzliche Hinweise, aber dafür gibt es auch nur noch drei Kleeblatt-Blätter zu gewinnen, so wie sie auf jeder Wiese auf den ersten Blick zu finden sind.

Dann zwei Kleeblatt-Blätter, dann eins...

Und falls Sie bei meinen ausführlicheren Erklärungen gelandet sein sollten, ohne erkannt zu haben, um wen oder was es sich jeweils handelt, dann gibt es eben keins.

A

weltbekannt

B

weltberühmt

C

heißbegehrt

D

vielbewundert

A

hat Selten-
heitswert
(garantiert
Einzelstück)

B

hat Alterswert

C

erfordert
harte Arbeit

D

leicht
musikalisch
angehaucht

A

Hatte das Glück, sich auf völlig freier Ebene bewegen zu können

B

Oft zitiert (und nie erreicht)

C

Sein Besitz rechtfertigte (nicht immer) die Mittel

D

Sein Name sagt folgendes aus: Ungebraucht, voller Federn, nahezu eisenhart

A

Hätte man es in Cannstatt angefertigt, wäre es bestimmt mit einem Stern vorn drauf ins Weite befördert worden

B

Dieses Bild von ihm wurde von einem Maler angefertigt, dessen Name wie der eines bestimmten Teils eines Möbelstückes lautete

C

Sein Besitz ist mehr ideeller Natur, denn er gehört stets mehreren, ohne daß sich jedoch einzelne davon eine Scheibe abschneiden können

D

Wurde von einem Mann erbaut, der angeblich vor lauter Schwärmerei nicht immer richtig wußte, was er genau wollte

A Es ist das „Lunar Roving Vehicle“, bei uns schlicht Mondauto genannt.

Bei Apollo 15 bis 17 wurde es eingesetzt. Die ersten Menschen betraten bereits mit Apollo 11 den Mond.

Die Astronauten mußten damit Instrumente transportieren und konnten während der Autofahrt mit einem Spezialgerät Mondbodenproben einsammeln.

B Das wohl bekannteste Bild des deutschen Dichters Johann Wolfgang von Goethe (1749-1832) wurde im Jahre 1787 von dem Maler Johann Heinrich Wilhelm Tischbein (1751-1829) gemalt.

Tischbein war Reisebegleiter Goethes in Neapel. Das Gemälde „Goethe in der Campagna“ ist 164 mal 206 cm groß und befindet sich in Frankfurt (Städel).

C Hier handelt es sich um die höchste Auszeichnung, die es in der deutschen Fußballmeisterschaft zu erreichen gibt (vom Volksmund liebevoll „Salatschüssel“ genannt).

Als erster Verein erhielt sie übrigens 1948 der 1. FC Nürnberg.

Der erste deutsche Fußballmeister überhaupt war der VFB Leipzig im Jahre 1903.

D Das prächtige Schloß „Neuschwanstein“ — in der Nähe des Alpsees und des Schwansees am bayrischen Alpenrand gelegen — ist eine Schöpfung des heute noch in Bayern romantisch verklärt fortlebenden Königs Ludwig II. und wurde zwischen 1869 und 1886 erbaut.

Das prunkvolle Schloß „Neuschwanstein“ wird auch heute noch von jährlich mehr als einer Million Menschen besucht.

Joi, das Temp'rament

„Joi, das Temp'rament, joi, das Temp'rament, das liegt mir so im Blut", lautet einer der Hauptschlager aus Emmerich Kálmáns Operette: „Die Czardasfürstin".

Um welches Temperament es sich dabei handelt, läßt Kálmán offen und überläßt es vielmehr dem Publikum zu entscheiden, welches der vier Temperamente er speziell damit gemeint haben könnte.

Das Komplizierte am Temperament ist die Tatsache, daß es in Reinkultur (gleichgültig, um welches der vier es sich dabei handelt) nur äußerst selten anzutreffen ist. Die meisten Menschen laufen mit einer Art Temperamentsgulasch herum. Und wenn darin rein zufällig eine der beliebteren Fleischsorten besonders stark vertreten sein sollte, findet man das „himmlisch".

Sich in diesem Durcheinander zurechtzufinden, ist den meisten unter uns nahezu unmöglich.

Grundsätzlich gibt es folgende Temperamente:

Choleriker **Sanguiniker** **Melancholiker** **Phlegmatiker**

Daraus ergeben sich dann Mischungen, die man bezeichnen könnte mit:

Sangcholiker **Phleguiniker** **Cholancholiker** und so fort.

Dies würde dann weiterführen zu:

Melanguimatiker **Cholphlegeriker...**

Der Fantasie sind keine Grenzen gesetzt.

Aber komisch, so gut die meisten Leute über ihre Sternzeichen Bescheid wissen, was ihr Temperament betrifft, herrscht da bei den meisten eine geradezu sträfliche Ahnungslosigkeit.

Und hierbei möchte ich Ihnen nun ein wenig auf die Sprünge helfen und habe mir dazu ein hübsches Spiel ausgedacht. Einen kleinen Test, bei dem sich diesmal allerdings kein Kleeblatt-Blatt erobern läßt. Wozu auch?

Sich selbst ein wenig durchleuchten zu können, bringt das keinen Gewinn?

Zu Beginn brauchen wir erst einmal Spielkarten, und zwar 24 gleiche für jeden, der mitspielt. 9, 10, Bube, Dame, König, As von jeder Farbe. Gleichgültig, ob Sie allein mit mir spielen, oder mit mehreren, jeder spielt gewissermaßen für sich allein und legt sein Kartenpaket mit den 24 gleichen Karten offen links neben sich auf den Tisch.

Ich möchte Ihnen nämlich ein paar Fragen stellen. Und zu jeder Frage gibt es zwei Antworten. Nur, daß ich Sie eben nicht mit „ja" oder „nein" antworten, sondern Sie statt dessen jeweils eine ganz bestimmte Karte ziehen lasse, die Sie dann mit der Rückseite nach oben rechts neben sich auf den Tisch legen.

Dasselbe tun alle anderen ebenfalls, ohne sich darum zu kümmern, für welche Karten sich die Nachbarn am Tisch entscheiden.

Was dann schließlich mit den Karten rechts geschieht, verrate ich Ihnen, wenn alle meine Fragen beantwortet sind.

Also los dann. — Bitte die Karten auf den Tisch! Und lesen Sie (laut) vor!

1. Frage:

Sie wollen Freunde besuchen. Diese wohnen in einem Hochhaus. Dritter Stock.

Im Augenblick, da Sie die Eingangshalle betreten, schließt sich die Fahrstuhltür, und andere Leute fahren aufwärts. Zehn Stockwerke hoch? Fünfzehn? Zwanzig?

Sie wissen's nicht, denn man hat Sie ja unten stehen lassen.

Neben dem Fahrstuhlschacht befindet sich eine Treppe. Sollten Sie auf den Liftknopf drücken und warten, bis der Fahrstuhl wieder herunterkommt, dann suchen Sie sich bitte aus dem Stapel links die nebenstehend abgebildete Spielkarte heraus und legen Sie sie mit der Rückseite nach oben rechts neben sich auf den Tisch. *Kreuz 10.*

Falls Sie kurzerhand die Treppe benutzen sollten, gilt für Sie statt dessen die hier nebenstehend abgebildete Karte. *Karo As.*

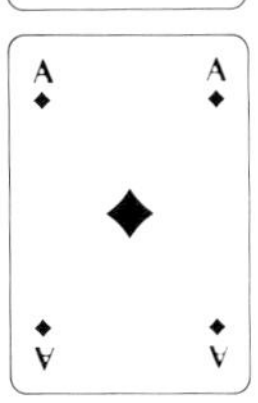

2. Frage:

Sie sind als Fußgänger Zeuge eines Verkehrsunfalls in einer Hauptstraße. Lediglich größerer Blechschaden. Auch andere Leute haben den Vorgang gesehen. Ob so deutlich wie Sie, wissen Sie allerdings nicht.

Melden Sie sich sogleich bei den Beamten zu Wort?

Dann suchen Sie sich bitte nebenstehende Karte aus und legen sie mit der Rückseite nach oben auf die Karte rechts. *Herz Dame.*

Oder warten Sie erstmal ab, was die anderen von sich geben und gehen dann beruhigt weiter Ihres Wegs, froh, sich aus der Sache herausgehalten zu haben?

Dann wählen Sie bitte die nebenstehende Karte. *Pik Bube.*

3. Frage:

Angenommen, Sie würden eine Seereise mit abenteuerlichen Landausflügen gewinnen. Sie könnten sich aber auch statt dessen etwa zwei Drittel der Reisekosten in bar auszahlen lassen.

Wofür würden Sie sich entscheiden?

Für die Schiffsreise? Dann suchen Sie sich bitte die nebenstehende Karte aus dem linken Stapel. *Kreuz König.*

Sollten Sie das Bargeld vorziehen, gilt für Sie: *Pik 9.*

4. Frage:

Sie sitzen am Steuer Ihres Wagens. Es ist Winter. Glatteis. Da läuft eine Katze über die Straße.

Würden Sie trotz aller Gefahr versuchen, ihr auszuweichen?

Dann gilt für Sie: *Herz König.*

Oder würden Sie sie überfahren? (Hätte das blöde Vieh nicht warten können?) Dann gilt: *Pik 10.*

5. Frage:

Sie sind im Begriff, Ihre Wohnung zu verlassen. Haben es eilig. Öffnen gerade die Tür — da klingelt das Telefon.

Gehen Sie trotz aller Eile nochmals zurück und heben ab?

Dann gilt: *Herz Bube.*

Oder lassen Sie es in Dreiteufelsnamen klingeln und schließen die Tür hinter sich?

Dann gilt: *Pik As.*

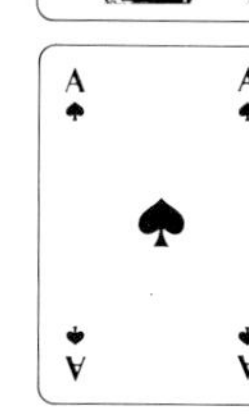

6. Frage:

Angenommen, der Duft des Parfüms Ihrer Frau/Freundin oder das Rasierwasser Ihres Mannes/Freundes würde Ihnen nicht behagen.

Würden Sie ihr (ihm) das ins Gesicht sagen?

Dann gilt: *Kreuz Dame.*

Oder würden Sie darüber erstmal schweigen?

Dann gilt: *Karo Bube.*

7. Frage:

Haben Sie gelegentlich im Traum schon daran gedacht, jemanden umzubringen, oder sich gefürchtet, selbst umgebracht zu werden?

Versuchen Sie sich an Ihren letzten derartigen Traum zu erinnern. Sind Sie da irgend einem Bösewicht an die Gurgel gefahren? Dann gilt: *Kreuz 9.*

Oder hat man das ungerechterweise mit Ihnen getan?

Dann gilt: *Karo Dame.*

8. Frage:

Sie sind zur Konfirmation/Kommunion eines Ihnen nicht näher bekannten Jungen oder Mädchen eingeladen. Fernbleiben können Sie jedoch nicht. Was bringen Sie mit?

Einen Umschlag mit besten Wünschen und einem Geldschein?

Dann gilt: *Pik Dame.*

Oder gehen Sie in eine Buchhandlung, suchen etwas heraus, was passen könnte und schreiben eine Widmung hinein?

Dann gilt: *Herz 10.*

9. Frage:

Sie wollen mit Familie oder Freunden „Mensch ärgere dich nicht" spielen. Beim Aufstellen bemerken Sie, daß eine der vier grünen Figuren fehlt.

Auf dem Fußboden sehen Sie einen abgerissenen Wäscheknopf liegen.

Nehmen Sie kurzerhand diesen Knopf als Ersatz?

Dann gilt: *Karo 9.*

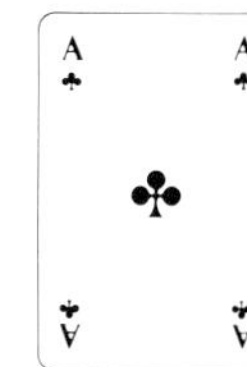

Oder versuchen Sie erstmal herauszufinden, wo sich diese verdammte Figur befinden mag?

Dann gilt: *Kreuz As.*

10. Frage:

Wie, denken Sie, verhält sich Ihre Umwelt zu Ihnen?

Glauben Sie, mehr feindlich gesinnte Menschen um sich zu haben?

Dann gilt: *Karo 10.*

Oder sind Sie überzeugt, zahlreiche Freunde zu besitzen?

Dann gilt: *Kreuz Bube.*

11. Frage:

Haben Sie schon mal in Ihrer eigenen oder auch fremden Wohnung irgendeinen Gegenstand an die Wand geschmissen?

Ja? Dann gilt: *Herz As.*

Nein? Dann gilt: *Karo König.*

12. Frage:

Gegen Ende eines Einkaufbummels stellen Sie plötzlich fest, daß Sie beträchtlich weniger Geld bei sich haben, als angenommen. Glauben Sie als erstes, man habe Sie irgendwo beim Herausgeben des Wechselgeldes betrogen?

Dann gilt für Sie: *Herz 9.*

Oder halten Sie es eher für möglich, sich zu Hause beim Einstecken des Geldes vertan zu haben?

Dann gilt für Sie als letzte Karte: *Pik König.*

Das Ergebnis:

Bitte, drehen Sie jetzt die rechts von Ihnen auf dem Tisch liegenden zwölf Karten um und sortieren sie nach ihren Farben (Herz, Karo, Pik und Kreuz).

Der jeweilige Kartenwert selbst spielt dabei keine Rolle.

Sollten Sie jetzt sämtliche sechs Karten ein und derselben Farbe in der Hand halten, können Sie ein etwaiges Farbendurcheinander der anderen Karten vergessen. Dann wäre nämlich ein eindeutig herausragendes Temperament Ihrerseits erkennbar.

Hätten Sie allerdings auch noch von einer zweiten Farbe alle sechs Karten in der Hand, wäre dies eine klare Mischung zweier Temperamente, wie sie nur äußerst selten anzutreffen ist. (Das lateinische Wort „temperamentum" heißt übrigens zu deutsch „Mischung".)

Am allerwahrscheinlichsten dürfte allerdings eine klar erkennbare Mischung von drei Farben sein. Exakt viermal drei Farben halte ich für nahezu unmöglich, aber bekanntlich hat man ja auch schon Pferde vor der Apotheke k . . . . . sehen.

Doch jetzt das Wichtigste:

Unser Test versucht ausschließlich, über „Ihr Mischungsverhältnis" etwas auszusagen, doch keinesfalls sollten hier die Qualitäten und Vorzüge der einzelnen Temperamente gegeneinander „ausgespielt" werden.

Wir haben den einzelnen Temperamenten folgende Spielkartenfarben zugeordnet:

Die Farbe *Herz*	für die **Choleriker**
Die Farbe *Karo*	für die **Melancholiker**
Die Farbe *Kreuz*	für die **Sanguiniker**
Die Farbe *Pik*	für die **Phlegmatiker**

Selbstverständlich beschreibe ich Ihnen hier auch noch die Hauptmerkmale der vier Temperamente, wie sie allgemein dargestellt werden:

Als **Choleriker** (der Begriff entstammt dem Griechischen und weist auf eine Überfunktion der Galle hin) werden gern Leute bezeichnet, die oft heftig sowohl auf eingebildete wie wirkliche Ungerechtigkeiten reagieren. Geduld zu haben, ist nicht ihre Stärke. Der Choleriker zeigt sich jeder Autorität gegenüber als äußerst kritisch und gilt als tatkräftig, ausdauernd, energisch und entschlossen. Doch sind alle diese Eigenschaften oft mit einer besonderen Reizbarkeit verbunden. Hinzu kommt nicht selten ein waghalsiger Ehrgeiz, der schon so manchen Leuten (besonders auf der politischen Ebene) zum Hindernis werden konnte. Man spricht bei ihnen von Pflichtgefühl, Stolz und Würde. (Nach Emanuel Kant ist das cholerische ein äußerst warmblütiges Temperament.)

Trotzdem eine Bitte:

Sollten Sie jetzt vor lauter „Herzen" in Ihrer Hand kaum noch aus den Augen sehen können, brauchen Sie nicht vor Stolz umzukippen oder aus der Haut zu fahren. Gerade letzteres soll bei Cholerikern leichter möglich sein, als bei den drei anderen Temperamenten.

Der **Melancholiker** (dieser Begriff entstammt gleichfalls dem Griechischen und deutet eine gewisse Schwermütigkeit an) ist gekennzeichnet durch seinen Hang zum Grübeln. Er ist ernst, treu, beharrlich und vorsorglich. Oft mehr mit sich selbst als mit seiner Umgebung beschäftigt, läßt alles, was ihn berührt, tiefere Spuren in ihm zurück, als bei anderen, was ihm das Leben nicht unbedingt erleichtert.

Trotzdem braucht eine Hand voller „Karos" nicht gleich vor Trauer kraftlos auf den Tisch zu sinken. Ohne die Melancholie wäre vieles an künstlerisch höchst Wertvollem bestimmt nicht geschaffen worden.

Der **Phlegmatiker** gilt als der ruhigste und kaltblütigste Charakter unter den vier Temperamenten. Es ist nicht zu leugnen: Er hat einen ausgeprägten Hang zur Bequemlichkeit. (Doch einmal ehrlich: Wer von uns spürt diesen Hang gelegentlich nicht in sich?)

Aber zugleich wird das Handeln des Phlegmatikers von Besonnenheit geprägt. Er ist ziemlich frei von Illusionen, ein Realist also, und recht sicher vor übereilten Entschlüssen. Dies trägt ihm zwar gelegentlich etwas Spott ein, was er jedoch mit Gleichmut über sich ergehen läßt, denn er weiß, in diesem Spott steckt auch ein wenig Neid auf seine Unerschütterlichkeit. Außerdem ist er anspruchsloser als die meisten anderen und dadurch auch leichter zufriedenzustellen.

Der **Sanguiniker** (dieser Begriff entstammt im Gegensatz zu den anderen dreien aus dem Lateinischen — sanguis = Blut) gilt als ein Mensch, dem man vor allem große Beweglichkeit und Aktivität zuschreibt. Er besitzt viel Fantasie und nimmt das Leben lieber von der heiteren als von der trüben Seite.

Man hält ihn für leicht sprunghaft, verwechselt dies aber oft mit seinem Erfindungsreichtum. Kurz: Der Sanguiniker ist von Natur aus ein geselliger Mensch, in dessen Gegenwart sich seine Umgebung meistens außerordentlich wohl fühlt.

Wie Sie sehen, hat jedes unserer vier Temperamente seine Licht- und seine Schattenseiten.

Ihnen selbst überlasse ich es nun, sich von der Ihnen entsprechenden Mischung ein rechtes Bild zu machen. (Wie Sie zusammengesetzt sind, wissen Sie ja nun hoffentlich.)

Viel Vergnügen beim Sezieren.

(Von sich selbst und den anderen.)

Verschwundene Namen

Bisher habe ich Ihnen eine ganze Reihe von Namen präsentiert, die — aus welchem Grund auch immer — unsterblich geworden sind. Spielen wir es zur Abwechslung einmal andersherum:

Ich nenne Ihnen hier eine Reihe von Namen und Städten, Personen oder Ländern, wie sie früher einmal hießen und die inzwischen nahezu spurlos von der Bildfläche verschwunden sind. So wie zum Beispiel der Name „Alexej Maximowitsch Peschkow", aus dem „Maxim Gorki" wurde, oder die Bezeichnung „Deutsch-Südwestafrika", aus der „Namibia" wurde.

Trauen Sie sich zu, mir die heutigen oder inzwischen gebräuchlichen Namen (bei Personennamen sagt man dazu „Pseudonyme") zu nennen?

Dies ist nicht ganz so einfach, und deshalb schlage ich vor: Für je vier richtig getroffene, heutzutage gebräuchliche, Namen erhalten Sie von mir ein Kleeblatt-Blatt. Bei 16 hätten Sie es also geschafft. Zehn weitere Namen schenke ich Ihnen „zur Reserve". Einverstanden?

a) Neu Amsterdam
b) Christiana
c) Konstantinopel
d) Jedo (auch „Jeddo" geschrieben)
e) Fort Dearborn (so hieß der Ort bis 1833)
f) Fort Rouillée (das anschließend bis 1834 „York" genannt wurde)
g) Emil Hansen
h) Stalingrad (bis 1925 trug die Stadt den Namen „Zarizyn")
i) I. W. Dschugaschwili
j) Ceylon
k) Hans Bötticher
l) Persien
m) Rhodesien
n) Johann Paul Friedrich Richter
o) Batavia
p) Jean Baptiste Poquelin
q) Siam
r) Knut Pedersen
s) Sankt Petersburg
t) W. I. Uljanow
u) Norma Jean Baker
v) Goldküste
w) Ost-Pakistan
x) Abessinien
y) Britisch-Honduras
z) Saigon

Namen und Bezeichnungen heute:

a) New York
b) Oslo
c) Istanbul
d) Tokio
e) Chikago
f) Toronto
g) Emil Nolde
h) Wolgograd
i) Iossif Wissarionowitsch Stalin
j) Sri Lanka
k) Joachim Ringelnatz
l) Iran
m) Zimbabwe
n) Jean Paul
o) Djakarta
p) Molière
q) Thailand
r) Knut Hamsun
s) Leningrad
t) Wladimir Iljitsch Lenin
u) Marilyn Monroe
v) Ghana
w) Bangladesch
x) Äthiopien
y) Belize
z) Ho-Tschi-Minh-Stadt

Wertung

Ab 4 Richtige

Ab 8 Richtige

Ab 12 Richtige

Ab 16 Richtige

Eine Straße wird gebaut.
Plötzlich stellt man fest, daß ein bejahrter Baum mitten im Wege steht.
Wozu entschließt man sich?
Drei Entscheidungen sind möglich:

1.
Man leitet die Straße um den Baum herum.

?

2.
Man führt die Straße durch den Baumstamm hindurch.

?

3.
Man läßt den Baum kurzerhand fällen.

?

Wofür, glauben Sie, hat man sich schließlich entschieden?
Treffen Sie die richtige Entscheidung, so erhalten Sie zur Belohnung ein Kleeblatt-Blatt.

CHANDELIER TREE
Height 315 ft. Diam. 21 ft.
DRIVE-THRU TREE PARK
SINCE 400 B.C.

Toller Einfall!

Finden Sie nicht auch?

Und vergessen Sie nicht:

Hier unten wartet Ihr Kleeblatt-Blatt auf Sie! (Falls Sie die richtige Entscheidung gewählt haben sollten.)

Antwort 2

Man führt die Straße durch den Baum hindurch.

Fließende Musik

Was Sie hier sehen, ist kein abstraktes Gemälde, sondern hier handelt es sich um fünf europäische Flüsse.

Bestimmt ist Ihnen davon jeder namentlich bekannt.

Und zu jedem von ihnen gibt es Musik, die mit „ihrem" Fluß aufs engste verbunden ist.

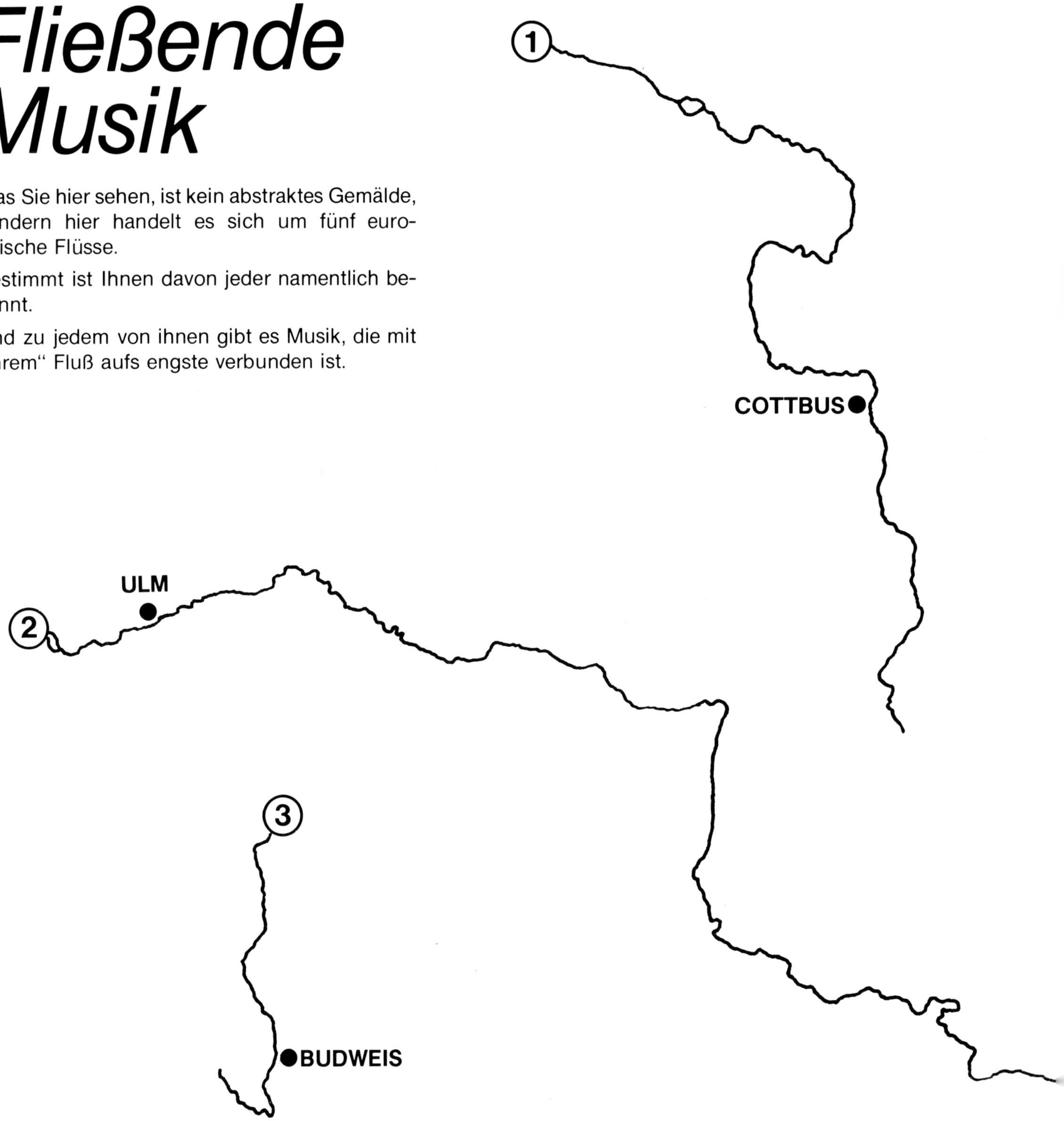

Was ich nun gern von Ihnen wissen möchte, ist:

Wie heißt der Fluß, wie heißt die Musik und wie heißt der Komponist?

Ein Tip von mir: Achten Sie auf die Städtenamen. Es ist nicht so kompliziert, wie es auf den ersten Blick aussieht.

Deshalb schenken Sie mir auch gewiß Ihren ersten Fund.

Von da ab gibt es dann jedes Mal ein Kleeblatt-Blatt zu gewinnen.

Bis hin zur Spitze.

① Die Spree

Den nahezu zum Volkslied gewordenen Schlager

„Durch Berlin fließt immer noch die Spree"

schrieb im Jahre 1925

Jean Gilbert (1879-1942).

② Die Donau

Der Donauwalzer wurde 1867 bereits zur zweiten Nationalhymne.

Er wurde in Wien von Johann Strauß komponiert. Doch von welchem?

Strauß junior war's.

③ Die Moldau

Sie wurde zum Mittelstück der Musikdichtung

„Mein Vaterland"

von Friedrich Smetana (1824-1884).

Er schrieb sie in den Jahren zwischen 1875 und 1880, als er wie Ludwig van Beethoven bereits vollständig taub war.

④ Die Wolga

Den Soldaten, der da einsam und verlassen an ihrem Strand steht, hat

Franz Lehár (1870-1948)

in seiner Operette

„Der Zarewitsch"

(geschrieben 1926) unsterblich gemacht.

⑤ Der Rhein

Zu ihm hätten wir uns auch noch zahlreiche andere Werke einfallen lassen können, denn er ist wahrlich viel besungen worden. (Vor allem während des Karnevals!)

Doch wir haben hier an das Vorspiel zu „Rheingold" gedacht, weil

Richard Wagner (1813-1873)

die unsterbliche Tetralogie seines „Rings" damit eingeleitet hat.

Diese Musik entstand im Jahre 1853.

Wertung

Zwei Flüsse richtig erkannt

Für den dritten Fluß

Für den vierten Fluß

Für den fünften Fluß

Quiz mit Comicfiguren

Ich glaube, die beiden folgenden Seiten werden vor allem meinen jüngeren Freunden Spaß bereiten. Zahlreiche alte Bekannte warten da auf sie.

1) Fred Feuerstein und Barney Geröllheimer
2) Asterix und Obelix
3) Tweety und Sylvester
4) Jogi Bär und Bubu Bär
5) Snoopy und Woodstock
6) Heidi und der Geis'n Peter
7) Wum und Wendelin
8) Fix und Foxi
9) Max und Moritz
10) Biene Maja und Willi
11) Donald und Daisy Duck
12) Tom und Jerry

A) Der Druide
B) Witwe Bolte
C) Charly Brown
D) Tick, Trick und Track

Außerdem gibt es hierbei zwei ganze Glückskleeblätter zu gewinnen, denn ich habe mir dazu zwei Aufgaben ausgedacht:

Fragen zur ersten Aufgabe:

Zu wem der zwölf Figurenpaare gehört:

1. Der Druide (A) ?
2. Die Witwe Bolte (B) ?
3. Charly Brown (C) ?
4. Tick, Trick und Track (D) ?

Fragen zur zweiten Aufgabe:

1. Wie heißt der Zeichner von Wum und Wendelin?
2. Wer zeichnete Fix und Foxi?
3. Wie heißt der Künstler, der Max und Moritz zeichnete (und dazu die schönen Verse dichtete)?
4. Wer erfand und zeichnete Donald Duck?

①
FRED'S PRIMA
SPRUDEL
②
③
④
⑤
⑥

⑦

⑩

⑧

⑪

⑨

⑫

Ⓐ

Ⓑ

Ⓒ

Ⓓ

Natürlich habt ihr's richtig herausbekommen.

Der Druide gehört zu Asterix und Obelix

Die Witwe Bolte gehört zu Max und Moritz

Charly Brown gehört zu
Snoopy und Woodstock

Tick, Trick und Track gehören zu
Donald und Daisy Duck

Wertung

1 Richtig — 2 Richtige — 3 Richtige — 4 Richtige

Der Zeichner von Wum und Wendelin (7) nennt sich Loriot (in Wirklichkeit heißt er Vico von Bülow)

Fix und Foxi (8) zeichnete Rolf Kauka

Max und Moritz (9) zeichnete und dichtete Wilhelm Busch

Donald Duck (11) erfand und zeichnete Walt Disney

Wertung

1 Richtig — 2 Richtige — 3 Richtige — 4 Richtige

Bitte Bonbons von den Eltern nicht vergessen!

Wohlbekömmliches und Zerbrechliches

Nachdem wir nun schon eine ganz schöne Menge zusammen verspeist und gesungen haben, glaube ich, ist es an der Zeit, es einmal mit Flüssigem zu versuchen.

In diesem Bereich gibt es gleich zwei Spitzenkleeblätter zu gewinnen.

Zunächst finden Sie bunt durcheinandergemixt zwei Dutzend Getränke, die ich je nach Laune hinter Rezepten, Landschaften, Städten und Namen versteckt habe.

Für jeweils vier, die Sie richtig identifiziert haben, erhalten Sie ein Kleeblatt-Blatt.

Schon bei sechzehn sind Sie also „full", das heißt, Sie haben die Spitze erreicht.

Sollten Sie trotzdem weiter herumprobieren wollen, geschieht dies ausschließlich auf Ihre eigene Verantwortung und rein zu Ihrem persönlichen Vergnügen.

1 Ein Obstbrand, der zu einem romantischen deutschen Mittelgebirge gehört und mit seinen 50 % Vol. bestimmt zu dessen Berühmtheit in aller Welt beigetragen hat. Wichtig ist, daß er ausschließlich in Eschenholzfässern abgelagert wurde, die keinerlei Farbstoff absorbieren. (Steingut tut's notfalls auch.) Welchen Namen trägt er?

2 Sie gilt als „Königin der Drinks" und besteht aus Wodka mit Tomatensaft und wird je nach Keeper und Laune mit Salz, Pfeffer, Zitrone und Worchestershire-Sauce gewürzt.

3 Zwei Städte streiten sich darum, als bedeutendste Produktionsstätten der Welt für dieses Getränk zu gelten (eine dritte bemüht sich auf literarischen Umwegen um diesen Rekord). Das Getränk gehört zu den ältesten der Menschheit. Über viertausend Jahre soll es auf dem Buckel haben und wurde bereits mit Vergnügen von den alten Germanen konsumiert.

4 Man nehme:
Eine Flasche Rot- oder Weißwein,
zehn Stück Kandiszucker,
ein Nelkenköpfchen
und eine kernlose Orangenscheibe.
Was ergibt das Ganze?
Warm!

5 Wie heißt das Volksgetränk der Holländer?

6 Von Feinschmeckern gern als „König der Liköre" bezeichnet, gehört er zu den ältesten Likören der Welt und wird mit einer Vielzahl von (geheimgehaltenen) Kräutern und Gewürzen hergestellt. Er trägt den Namen seiner Hersteller, die ihn vor bald fünfhundert Jahren „Gott dem Allmächtigen" widmeten.

7 In seiner Heimat trinkt man ihn aus Bechergläsern und ißt zwischendurch gern ein Stück Brot mit Schinkenspeck („Sakuska") dazu. Hergestellt wird er vornehmlich aus Kartoffeln.

8 Es gehört zu den populärsten aller Getränke: Man nimmt ein Drittel Sauer- und zwei Drittel Wasserstoff und mischt sie sorgfältig miteinander.
Welches Getränk erhält man dann?

9 Es geschah einmal zu Anfang unseres Jahrhunderts, daß einem New Yorker Barkeeper die Oliven ausgegangen waren. Kurzerhand warf er statt dessen eine Perlzwiebel ins Glas und gab dem Getränk den Namen seines Gastes.
Wie hieß der?

10 Dieses Getränk kam und kommt von den Karibischen Inseln (und ihren Zuckerrohrplantagen) zu uns.
Es heißt?

11 Man nehme:
2 Flaschen Rotwein,
1 Flasche Rum,
4 Gewürznelken,
Saft von 2 Orangen,
Orangenschale
und einen Zuckerhut von etwa 300 Gramm.
Was hat man dann?

12 Welches Zwetschgenwasser trägt einen serbisch-kroatischen Namen?

13 Zusammen mit dem Kilt und einem Musikinstrument gehört er zu den unsterblichsten Schöpfungen einer Bevölkerung, deren Pro-Kopf-Verbrauch von diesem Getränk bereits vor hundertfünfzig Jahren den heutigen Pro-Kopf-Weinverbrauch in Deutschland in den Schatten stellte.

14 Ursprünglich gab es auf den Schiffen gewöhnlichen Rum zu trinken. Doch eines Tages wurden dem britischen Admiral Sir Edward Vernon (nach seinem imposanten Mantel hatte er von seiner Mannschaft einen Spitznamen erhalten) die Prügeleien im Rausch an Bord zuviel, und er befahl, nicht weiter Rum „pur" zu trinken, sondern mit Zuckerwasser zu vermischen. Dieser verdünnte Rum erhielt dann den Spitznamen des Admirals.
Wie heißt dieses Getränk noch heute?

15 Dieses Getränk wird in sogenannten Bodegas gelagert. Reihenweise liegen sie übereinander. Grundsätzlich wird nur aus den untersten Fässern abgezapft. Der Nachschub kommt von oben. Gern wird es vor dem Essen getrunken.

16 Eine Hamburger Spezialität: Zur einen Hälfte Bier, zur anderen Hälfte Brause. Wie heißt das?

17 Ein europäisches Land hat zwei Getränke unsterblich gemacht. Das einzige, was diese beiden miteinander gemein haben (außer ihrem Wassergehalt natürlich), ist die Tatsache, daß der Name dieser beiden Getränke mit „C" beginnt.

18 Berliner Spezialität: Ein Glas Bier mit ein wenig Himbeersaft darin oder einem Gläschen Waldmeister.
Wie heißt das?

19 Einem blinden Benediktinermönch soll es als erstem um das Jahr 1700 herum auf dem französischen Weingut Moet et Chandon gelungen sein, einen wirklich prickelnden Champagner herzustellen.
Wie hieß der Mönch, der diesem Champagner seinen Namen gab?

20 Welcher Wein verdankt seinen Namen einer Hafenstadt der iberischen Halbinsel?

21 Wie heißt der Stadtteil New Yorks, der in den Bars aller Welt am meisten zur Sprache kommt?

22 Ein legendärer schottischer Freibeuter liebte besonders einen Coctail aus schottischem Whisky, Vermouth und Magenbitter. Das Ganze ließ er dann von einer Maraschino-Kirsche krönen.
Wie heißt dieser Coctail?

23 Es war einmal ein britischer Marinearzt der Meinung, daß reiner Gin der Gesundheit seiner Offiziere abträglich sei. Im Jahre 1890 hatte er den Einfall, den Gin mit Zitronensaft verdünnen zu lassen.
Seitdem trägt diese Mixtur seinen Namen.
Er hieß?

24 Kaffee wird auf der Welt auf verschiedenste Art und Weise getrunken. So gibt es u.a. Espresso, Mokka, Capuccino, Melange und „nach Hausfrauenart".
Wenn Sie außer Rohrzucker und (steifer) Schlagsahne auch noch ein wenig Whiskey (ohne Rauchgeschmack) dazugeben, was trinken Sie dann?

Zunächst das Zerbrechliche:

Ich zeige Ihnen hier unten sechs Gläser (1-6) und nenne Ihnen in willkürlicher Reihenfolge sechs Getränke (a-f), von denen jedes an seine eigene gläserne Umwelt gewöhnt ist.

Bitte, versuchen Sie, die Passenden zusammenzubringen.

Für jeweils drei „Paare“ gibt es für Sie ein Kleeblatt-Blatt zu gewinnen.

Nun brauchen Sie insgesamt für das Wiesenkleeblatt acht Paare, und bei zehn ist es eben die gewohnte Spitze.

Wohl bekomm's!

a Weißwein **b Rotwein** **c Korn** **d Whisky** **e Bier** **f Sekt**

Die wohlbekömmliche Auflösung:

1 Schwarzwälder Kirschwasser

2 Bloody Mary

3 Bier. Pilsen und München. Außerdem Guiness Ale (Buch der Rekorde).

4 Glühwein

5 Genever

6 Benediktiner-Likör

7 Wodka (Rußland)

8 Wasser

9 Charles Dana Gibson

10 Hier handelt es sich klar und einfach um den „echten“ klaren Rum.

11 Feuerzangenbowle

12 Slibowitz

13 Scotch Whisky (aus reiner Gerste gebrannt)

14 Grog (der Admiral trug einen sogenannten „Grogram“-Mantel)

15 Sherry (er kommt aus Spanien)

16 Es gibt dafür verschiedene Bezeichnungen. In Hamburg heißt es jedenfalls „Alsterwasser“.

17 Frankreich (Cognac und Champagner)

18 Die Berliner nennen sie eine „Weiße mit Schuß“

19 Dom Perignon

20 Aus Portugal (vom Hafen Porto aus wird er in die ganze Welt verschifft)

21 Manhattan (Mitte der Siebziger Jahre des vorigen Jahrhunderts soll diese Mischung aus 2/3 Bourbon Whisky und 1/3 rotem Vermouth — dazu einen Spritzer Angostura und eine Olive — im Manhattan Club in New York kreiert worden sein.)

22 Dieser Cocktail nennt sich „Rob Roy“. Rob Roy war der Spitzname des wilden Seefahrers Robert MacGregor

23 T. O. Gimlette (Gimlet)

24 Irish Coffee. (In Irland schreibt sich Whisky übrigens „Whiskey“.)

Wertung

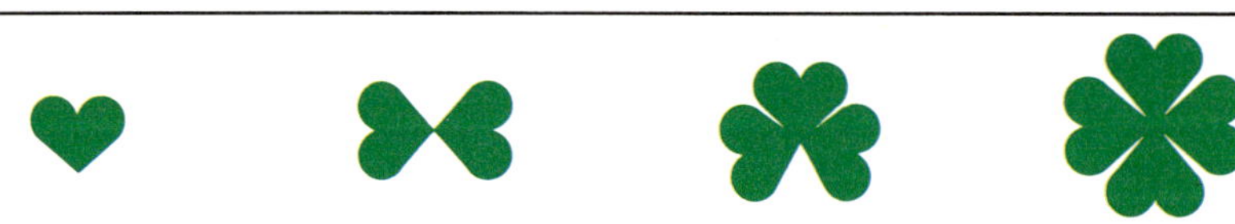

Ab 4 Richtigen — Ab 8 Richtigen — Ab 10 Richtigen — Ab 16 Richtigen

So gehört's zusammen:
1 b — 2 d — 3 f — 4 e — 5 c — 6 a

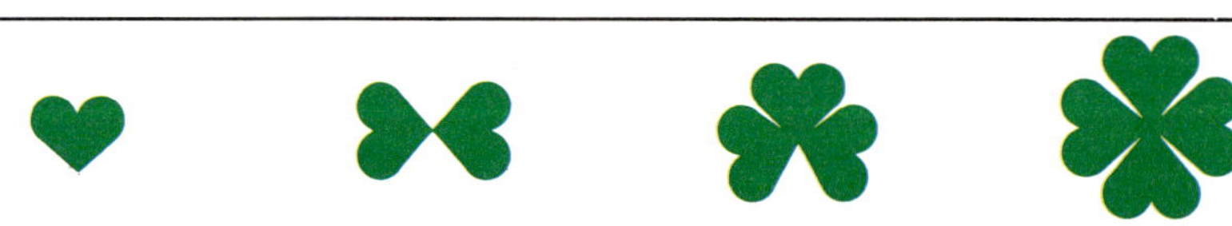

3 Richtige — 4 Richtige — 5 Richtige — 6 Richtige

Wer von uns hat nicht schon davon geträumt, all denen, die uns, aus was für einem Grund auch immer, nicht so recht gefallen, mal so richtig die Zähne zeigen zu können.

Schließlich sind unsere Zähne ja auch zum Beißen da und nicht bloß zum Kauen, was einzig und allein dazu führt, daß wir alles Mögliche herunterschlucken und letztendlich dann auch noch verdauen müssen.

Daß man mit seinen Zähnen etwas völlig anderes anstellen kann, bewies ein Mann, der sich auf den Rücken legte und mit seinen Zähnen Eisenbahnwaggons auf ebenen Schienen über zwei Meter weit von der Stelle bewegte.

Er wird „Herkules" genannt, und es heißt, daß er irgendwoher aus Belgien stammt. Er lebt davon, daß er die Kraft seiner Zähne gegen Entgelt zur Schau stellt und mit ihrer Hilfe es zum Beispiel auch fertigbrachte, einen Hubschrauber am „Senkrecht-nach-oben-Start" zu hindern.

Kommen wir zur Sache:

Bitte schätzen Sie, um welches Gewicht es sich bei den Eisenbahnwaggons handelt.

In Zentnern ausgedrückt, um etwa

1200 Zentner?

1500 Zentner?

1800 Zentner?

2500 Zentner?

3000 Zentner?

(Die alte Spielregel: Wer's exakt trifft, erhält ein Spitzenkleeblatt, und dann fällt ein Blättchen nach dem anderen „ab". — Bei Zähnen würde es heißen: Ein Zahn nach dem anderen „aus".)

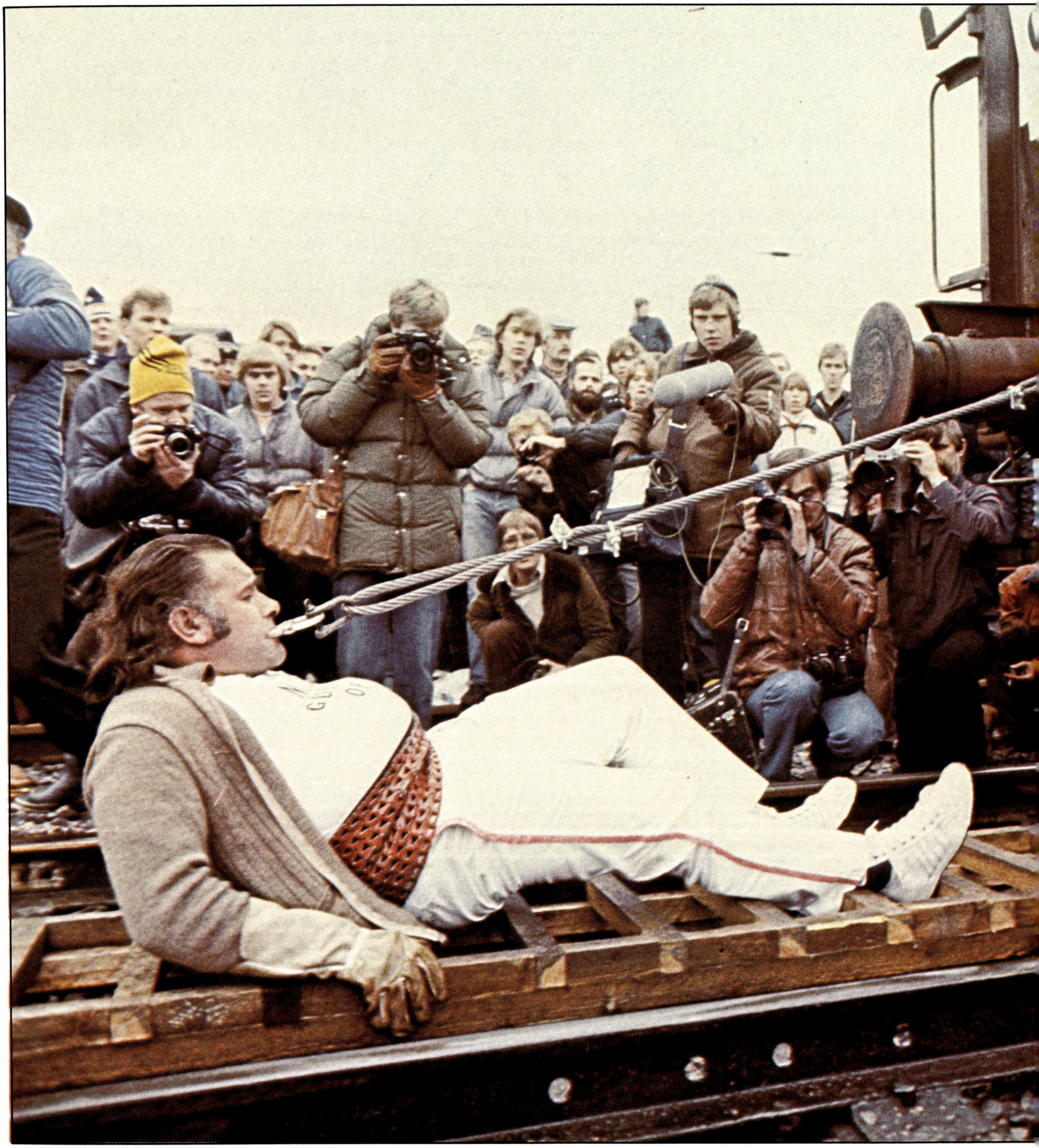

Gewonnen hat, wer rund zweitausendfünfhundert Zentner für das richtige Gewicht hielt.

Mit 126,3 Tonnen hält der rund vierzigjährige „Herkules“ den Weltrekord im „Zahnziehen“.

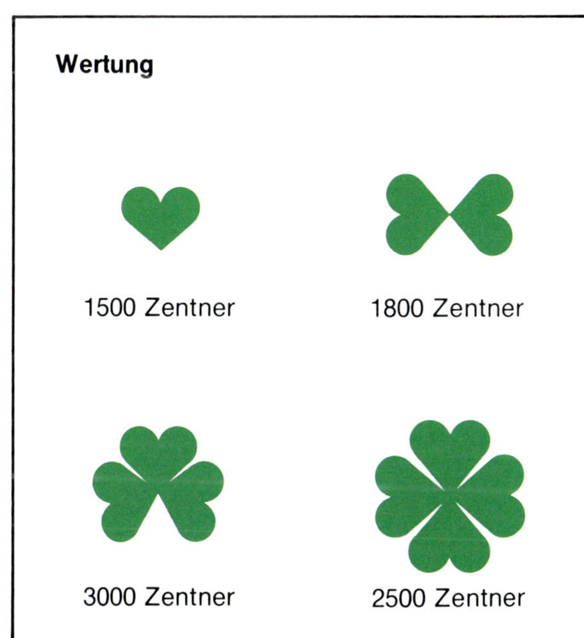

STÄDTE IN ALLER MUNDE

Ich glaube, jetzt könnten wir wieder eine musikalische Erfrischung gebrauchen.

Dazu zeige ich Ihnen hier vier schöne Bilder von Städten, deren Namen in weltbekannten Schlagern vorkamen.

1

1954
Garinei/
Giovanni
und
R. Rascel

2

1960
H. Bradtke
und
Heino
Gaze

Ähnlich wie „Das war in Schöneberg im Monat Mai“ oder „Auf der Reeperbahn nachts um halb eins“ . . . (Nur, daß es sich bei letzteren nicht um die Städte Berlin und Hamburg handelt, sondern lediglich um Stadtteile davon.)

Versuchen Sie doch einmal, diese vier Städte und die von ihnen untrennbaren „Hits“ herauszubekommen.

Ich schreibe Ihnen noch dazu, wer sie wann geschrieben hat.

Für jede erratene Stadt samt Schlager gibt es ein Kleeblatt-Blatt.

Und wenn Sie glauben, alle Blätter im Plattenschrank zu haben, blättern Sie bitte um.

3

1925
Beda/
Neubach
und
Fred
Raymond

4

1953
Cole
Porter

1 **Arrivederci, Roma . . .**

2 **Ich hab' mein Herz in Heidelberg verloren . . .**

3 **Kalkutta liegt am Ganges . . .**

4 **Ganz Paris träumt von der Liebe . . .**

Ich glaube, daß ich es Ihnen mit diesen vier Städten nicht allzu schwer gemacht habe.

Stellen Sie sich doch nur einmal vor, ich hätte Sie Schlager nach den Bildern von Tipperary in Irland („It's a long way to Tipperary") oder Lodz in Polen („Theo, wir fahr'n nach Lodz") suchen lassen. Oder ich hätte Sie gar gefragt, wieviel weitere Städte in „Kalkutta liegt am Ganges" noch Platz gefunden haben. Ich will es Ihnen verraten: Es sind sechs. Nämlich Paris, Basel, Kairo, London, New York und Athen. Von Flüssen und Museen ganz zu schweigen.

Sie sehen, man kann die Geographie in den Hits auch auf die Spitze treiben.

Wertung

Für einen gefundenen Titel

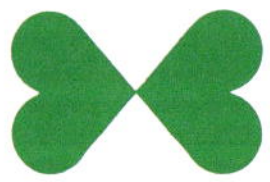

Für zwei gefundene Titel

Für drei gefundene Titel

Für vier gefundene Titel

Alle Vögel sind schon da

Es ist wahr. Tagtäglich umflattern uns unzählige Vögel.

Hierbei denke ich diesmal weniger an Gottes freie Natur, sondern an unseren Sprachenschatz, an unser Denken und an so manche bezeichnende Bewegung.

Wie oft steht ausgesprochen oder unausgesprochen die Feststellung im Raum, daß einer einen Vogel habe. Und wenn er sich dessen nicht bewußt sein sollte, wird ihm dieser Vogel sogar gezeigt.

Nun, was ich von Ihnen möchte, ist, daß Sie mir — am schönsten wäre dies mit anderen gemeinsam — kurzerhand alles zusammentragen, was Ihnen an „Gefiedertem" spontan so einfällt.

Damit meine ich nicht einfach die Namen verschiedener Vogelarten, wie „Amsel, Drossel, Fink und Star...", sondern ausschließlich Vögel, die in Sprichwörtern, Vergleichen, Liedern, Schlagern und Märchen, oder im Zusammenhang mit Dingen vorkommen.

Natürlich zähle ich hierzu auch die Welt des Theaters.

Diesmal würde ich aber eine Uhr auf den Tisch legen und keinesfalls mehr als fünf Minuten verstreichen lassen.

Für jedes einzelne Kleeblatt-Blatt sollten Sie in dieser Zeit — sagen wir — acht solche „Vogeleien" aufschreiben. Zu einem Spitzenkleeblatt wären also insgesamt 32 nötig. Und allzu weit her sollten Sie Ihre Vögel bitte auch nicht holen.

Doch damit wir uns von Anfang an richtig verstehen:

„Vogelschnabel" oder „Vogelauge" gilt ebensowenig wie „Hahnenkamm" oder „Hühnerbein". Da müßte es schon wenigstens ein „Hühnerei" sein. Doch das ist jetzt zum Glück bereits weg, wie alle anderen Eier auch (sonst brauchten Sie ja nur die einzelne Vogelart vor das Ei zu setzen, und ich wäre ganz hübsch angeschmiert).

Also: Fünf Minuten!

Und nicht schummeln!

Hier wird nicht überzogen.

Wir sind nämlich nicht beim Fernsehen.

Darf ich Ihnen jetzt vorführen, was wir hier in exakt fünf Minuten zusammengebracht haben?

Volkslieder und Schlager

Wenn ich ein *Vöglein* wär'...

Kuckuck, Kuckuck ruft's aus dem Wald

Alle meine *Entlein* schwimmen auf dem See

La *Paloma*... (Käutner/Yradier)

Ich wollt', ich wär' ein *Huhn*...
(Beckmann/Kreuder)

Herr Meier, Herr Meier —
wo bleibt denn bloß mein *Reiher*
(Leipziger/Gilbert)

Mein *Papagei* frißt keine harten Eier...
(Frey/Kollo)

Flieg', du kleine *Rumplertaube*...
(Schönfeld/Gilbert)

Sing', *Nachtigall* sing'... (Balz/Jary)

Weiße *Möwe,* flieg' nach Helgoland

„Brauner Bär" und *„Weiße Taube"*...
(Bradtke/Richardson)

Ich glaube, da oben fliegt 'ne *Taube*...
(Schanzer/Kollo)

Möwe, du fliegst in die Heimat...
(Schwenn/Winkler)

Märchen und Sagen

König *Drossel*bart (Grimm)

Die sieben *Raben* (Grimm)

Das junge häßliche *Entlein* (Andersen)
(das zum stolzen *Schwan* wird)

Die *Nachtigall* (Andersen)

Vogel *Phönix* (Andersen)

Vogel *Greif* (Grimm)

Leda und der *Schwan*

Der Feuer*vogel*

*Schwanen*see

Und da wir uns bereits dem Reich der Oper nähern, dürfen wir keinesfalls

*Vogel*händler

Papageno in der „Zauberflöte", sowie den

Schwan in „Lohengrin" vergessen.

Sprichworte und Vergleiche

Stolz wie ein *Pfau*

Kotzen wie ein *Reiher*

Wie die *Hühner* auf der Stange

Klauen wie ein *Rabe*

Blöde *Gans*

Goldene *Gans*

Federn lassen

Kopf in den Sand stecken wie Vogel *Strauß*

Plappern wie ein *Papagei*

Besser ein *Spatz* in der Hand,
als eine *Taube* auf dem Dach

Das *Huhn,* das goldene Eier legt

Eine *Krähe* hackt der anderen kein Auge aus

Hahn im Korb

Mein lieber *Schwan*

*Schwanen*gesang

Dinge

Wetter*hahn*	*Vogel*futter
*Kuckucks*uhr	*Vogel*käfig
*Kuckucks*nest	*Hühner*stall
Reichs*adler*	*Hühner*leiter

Aber ich muß zugeben, volle fünfzig Vögel sind es in den fünf Minuten nun doch nicht geworden. Ich hätte nie geglaubt, daß 300 Sekunden so kurz sein können.

Wertung

8 Vögel

16 Vögel

24 Vögel

32 Vögel und mehr

Eine Frage am Rande:

Wissen Sie, um welchen herrlichen Vogel es sich auf dem untenstehenden Bild handelt?

Es ist der „Feuervogel“.

Igor Strawinskys Ballett „Der Feuervogel“ wurde von dem 28jährigen Komponisten für den russischen Choreographen Sergius Diaghilew im Jahre 1910 geschrieben und machte Strawinsky mit einem Schlage weltberühmt. Auch des „Feuervogels“ Handlung entstammt einem russischen Volksmärchen.

Schein und Wirklichkeit

Auf den beiden folgenden Seiten zeigen wir Ihnen sechzehn Geldscheine verschiedenster Länder, von denen Sie bestimmt schon einige in Händen hatten.

Nun nehmen wir einmal an, Sie gewännen bei mir oder anderswo so eine runde schöne glatte Million (D-Mark), dann würde, wie ich glaube, folgende Tatsache für Sie von Interesse sein:

Es gibt auf der Erde Länder (bzw. Staaten), in denen Sie trotz Ihrer hiesigen Million noch nicht (oder sogar noch längst nicht) als Millionär gelten und wiederum andere, in denen man Sie mit Ihrer deutschen Million bereits als halben Milliardär bezeichnen würde.

Um es nicht komplizierter zu machen, als unbedingt nötig, haben wir mit unseren Geldscheinen exakt halbe/halbe gemacht. Das heißt, Sie finden darunter acht der einen und acht der anderen Art.

Was ich nun von Ihnen will, ist ganz einfach:

Sie sollen mir auf einem Zettel davon diejenigen Währungen notieren, bei denen Sie über Ihre Million hinaus bis hin zum halben Milliardär tendieren würden, und umgekehrt auf einen anderen Zettel die acht nennen, mit denen Sie es trotz Ihrer deutschen Million noch nicht zum Millionär gebracht haben würden.

Schreiben Sie also bitte acht unserer Buchstaben auf den Plus- und acht auf den Minuszettel. Und für je drei, die Sie richtig plaziert haben sollten, erhalten Sie zu Ihrer Million auch noch ein Kleeblatt-Blatt.

Sie werden staunen:

Ab genau eintausend von diesen Scheinen — ich möchte Ihnen jedoch raten, sie gut unter Ihrem Kopfkissen zu verstecken — brauchen Sie sich nicht zu scheuen, den Anschein zu erwecken, zu den deutschen Millionären zu gehören.

$1
266564
This note is legal tender for
SINGAPORE
ONE
DOLLAR
MINISTER FOR FINANCE
$1
SINGAPURA
SINGAPORE
MAJULAH SINGAPURA

A

100
מאה
שקל
100
בנק ישראל
1979

B

100
ΤΡΑΠΕΖΑ ΤΗΣ ΕΛΛΑΔΟΣ
100
ΔΡΑΧΜΑΙ
ΕΚΑΤΟΝ
07Φ 219283

E

SUID-AFRIKAANSE
RESERWEBANK
183597
TWEE
TWO
RAND
SOUTH AFRICAN
RESERVE BANK
2

F

1045585
DANMARKS
NATIONALBANK
20
Tyve Kroner
A6813E

I

513898
البنك المركزي التونسي
خمسة دنانير
5
1973 - 10 - 15

K

10000
LU213860U
日本銀行券
壱万円
日本銀行

N

LIRE MILLE
PAGABILI A VISTA AL PORTATORE
1000
BANCA D'ITALIA

O

ΚΕΝΤΡΙΚΗ ΤΡΑΠΕΖΑ ΤΗΣ ΚΥΠΡΟΥ
KIBRIS MERKEZ BANKASI
£1
J142051
ΜΙΑ ΛΙΡΑ
BİR LİRA
ΔΙΟΙΚΗΤΗΣ-MÜDÜR
1.2.1982
J142051

C

SCHWEIZERISCHE NATIONALBANK
BANCA NAZIUNALA SVIZRA
10
Zehn Franken
Diesch Francs
10

D

FEDERAL RESERVE NOTE
THE UNITED STATES OF AMERICA
THIS NOTE IS LEGAL TENDER FOR ALL DEBTS, PUBLIC AND PRIVATE
E 65645994 C
WASHINGTON, D.C.
E 65645994 C
SERIES 1981
ONE DOLLAR

G

10407568650
10407568650
NATIONALE BANK VAN BELGIE
100
HONDERD FRANK
100

H

EL BANCO DE ESPAÑA
7F0490996
PAGARA AL PORTADOR
CIEN PESETAS
MADRID,
17 de Noviembre de 1970
EL GOBERNADOR
EL CAJERO
EL INTERVENTOR
7F0490996
100

L

BANK OF CANADA – BANQUE DU CANADA
AAR1544881
AAR1544881
UN 1 ONE
DOLLAR
CANADA
THIS NOTE IS LEGAL TENDER
CE BILLET A COURS LÉGAL

M

BANK OF ENGLAND
I PROMISE TO PAY THE BEARER ON DEMAND THE SUM OF
ONE POUND
£1
ONE POUND
LONDON
FOR THE GOV^R AND COMP^A OF THE BANK OF ENGLAND
CHIEF CASHIER
BS48 066755

P

بنك المغرب
عشرة دراهم
BC 28 199309
1970-1390
BC 28 199309

Q

So müßten Ihre beiden Zettel aussehen:

Plus

A	(Singapur)
C	(Cypern)
D	(Schweiz)
F	(Süd-Afrika)
G	(USA)
K	(Tunesien)
M	(Kanada)
P	(England)

Minus

B	(Israel)
E	(Griechenland)
H	(Belgien)
I	(Dänemark)
L	(Spanien)
O	(Italien)
N	(Japan)
Q	(Marokko)

Hier spaßeshalber (in etwa) die derzeitigen Kurse (Stand Juli 1983):

US $	1 Mio	=	DM 2,6 Mio	**G**	Bfr	1 Mio	=	DM 51.200,—	**H**
sfr	1 Mio	=	DM 1,2 Mio	**D**	Lire	1 Mio	=	DM 1.780,—	**O**
Eng. £	1 Mio	=	DM 4,1 Mio	**P**	ptas	1 Mio	=	DM 19.500,—	**L**
Cyp £	1 Mio	=	DM 5,2 Mio	**C**	Yen	1 Mio	=	DM 11.000,—	**N**
Sing $	1 Mio	=	DM 1,2 Mio	**A**	dkr	1 Mio	=	DM 287.500,—	**I**
Tun Din	1 Mio	=	DM 4,2 Mio	**K**	Drs	1 Mio	=	DM 35.000,—	**E**
can $	1 Mio	=	DM 2,1 Mio	**M**	Dirh.	1 Mio	=	DM 395.000,—	**Q**
RSA (Süd-Afrika)	1 Mio	=	DM 2,1 Mio	**F**	Shekel	1 Mio	=	DM 90.000,—	**B**

Und das Fazit?

Ich erlaubte mir, Ihnen damit kurz vor Augen zu führen, wie verschieden Millionäre aussehen können.

So müßten Sie, um es z.B. in England zum Millionär zu bringen, noch über drei Millionen deutsche Mark hinzugewinnen. (Stellen Sie sich das doch einmal in Kleeblatt-Blättern vor!)

Andererseits benötigen Sie knappe zweitausend Mark, um Ihrer Freundin oder Freunden gegenüber als Millionär auftreten zu können, indem Sie ruhigen Gewissens behaupten, im Ausland (Italien zum Beispiel) schon seit Jahren als solventer Millionär bekannt zu sein.

Wertung

Drei Richtige

Sechs Richtige

Neun Richtige

Zwölf Richtige und mehr

Ich weiß nicht, wer oder was soll das bedeuten

Ich bin überzeugt davon, daß es Ihnen leichtfallen wird, dahinter zu kommen, wodurch diese vier Menschen hier einmalig geworden sind auf unserer Welt, was sie zusammenhält.

Und vor allem: wodurch sie zu unserem Spitzenkleeblatt in so besonders enger Verbindung stehen.

Deshalb würde es mich auch von Herzen freuen, Ihnen für die Lösung dieser verhältnismäßig einfachen Aufgabe ausnahmsweise ein solches überreichen zu können.

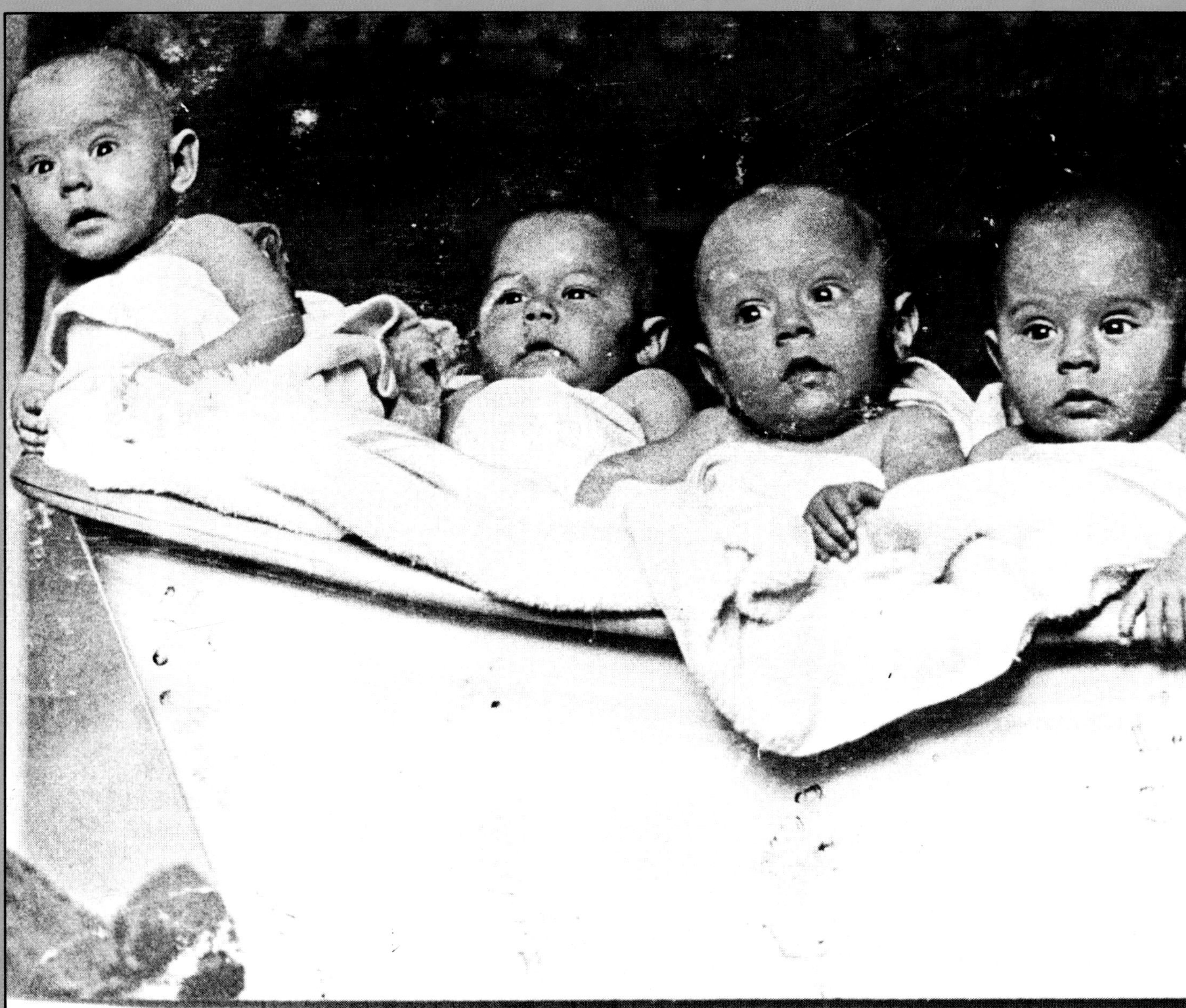

Ja, es stimmt, was Sie sich gedacht haben.

Es handelt sich hier um die ältesten Vierlinge der Welt, die am 16. Mai 1982 siebzig Jahre alt geworden waren. Geboren wurden sie 1913 in Neustadt an der Weinstraße. Heute leben sie in alle Winde verstreut und erfreuen sich alle vier bester Gesundheit.

Und weil mir dieses Bild mit den Vierlingen großen Spaß bereitet hat, erhalten Sie von mir hier sogar ein ganz besonders großes vierblättriges Kleeblatt.

Eine Handvoll Hund

Sind Sie auch schon auf den Hund gekommen?

Ich meine: Lieben Sie Tiere und im besonderen Hunde?

Falls Sie diese Frage bejahen sollten, wird Ihnen dieses Bild hier bestimmt Freude machen.

Es handelt sich dabei um die bei uns noch recht seltene Hunderasse mit dem geheimnisvollen Namen „Shih-Tzu", die aus dem fernen Tibet stammt.

„Beauty" aus Wremen ist Deutscher Champion und Bundessieger (1981) und führt uns hier in der Pose eines Topmodells ihren Nachwuchs vor.

Ich zeige Ihnen dieses Bild jedoch nicht nur „tierlieberweise", sondern habe für Sie auf den folgenden Seiten gleich wieder eine diesbezügliche Aufgabe vorbereitet.

Zunächst führe ich Ihnen da acht bildschöne Hunde verschiedenster Rassen vor. Hund für Hund ein Prachtstück. So richtig zum Reinbeißen.

Auf den darauffolgenden beiden Seiten werden Sie nämlich dann Hundebabies entdecken — manche davon würden bequem Unterschlupf in Ihrer ausgestreckten Hand finden —, mit einem leeren Feld in der linken oberen Ecke, wo Sie mir bitte eintragen, welcher von den Großen, Ihrer Meinung nach, zu Beginn seiner Hundelaufbahn etwa so ausgesehen haben dürfte. Ein einziger Buchstabe genügt.

Das Haar in der Suppe ist dabei, daß wir Ihnen zwar acht große, aber lediglich sechs kleine Hunde vorführen.

Zwei Buchstaben sind also gänzlich überflüssig.

Trotzdem, probieren Sie's mal. Ab drei richtig plazierten Buchstaben winkt Ihnen nämlich ein Kleeblatt-Blatt. Für jeden weiteren ein weiteres. Wie gewöhnlich. Das wär's.

A LAIKA

B MASTIFF

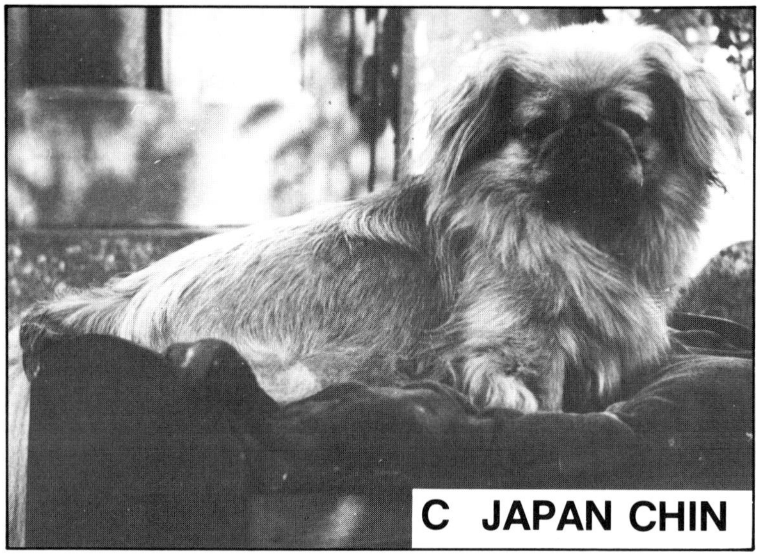
C JAPAN CHIN

D PEKINESE

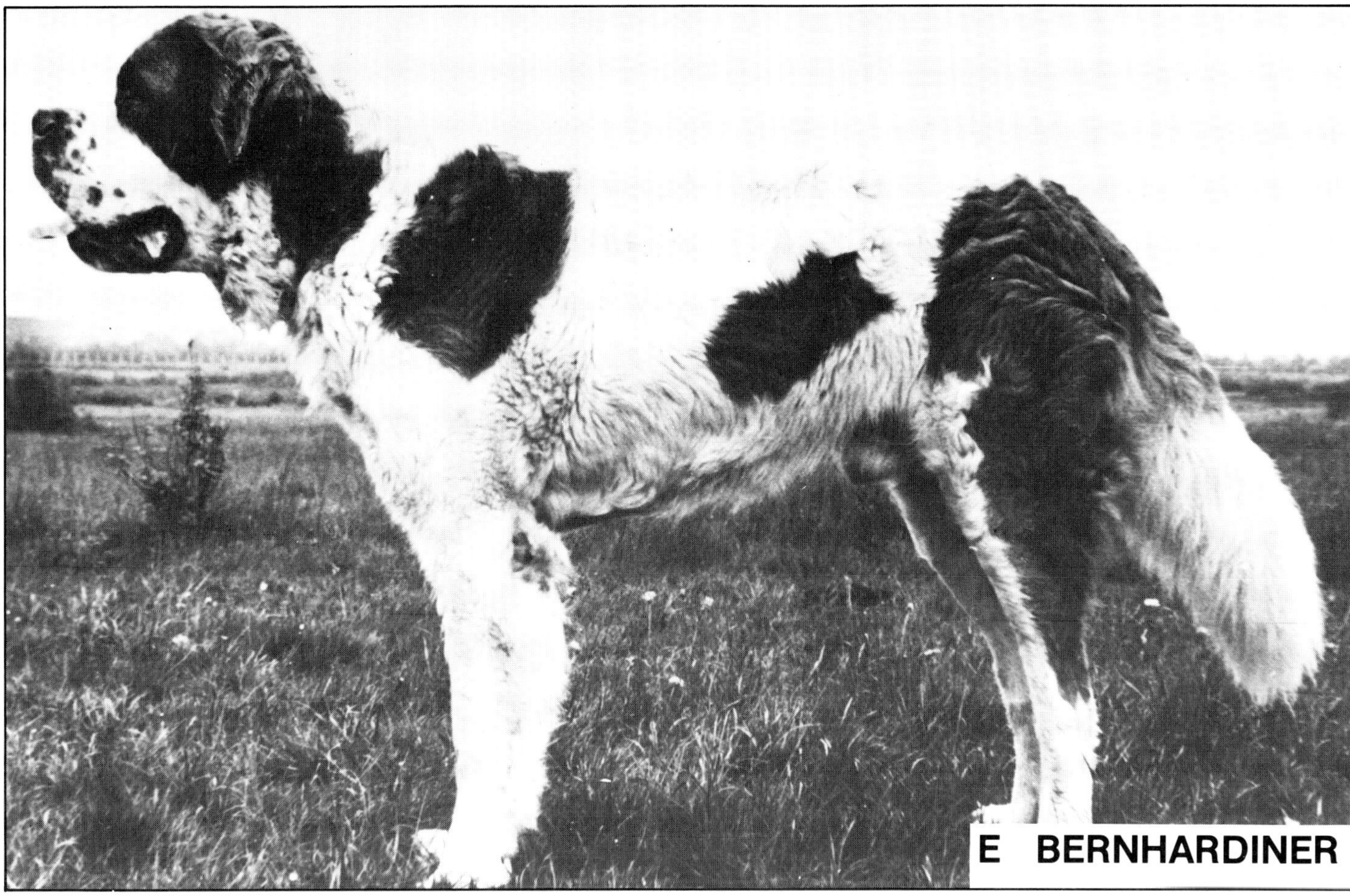

E BERNHARDINER

F PUDEL

G BOXER

H SCHÄFERHUND

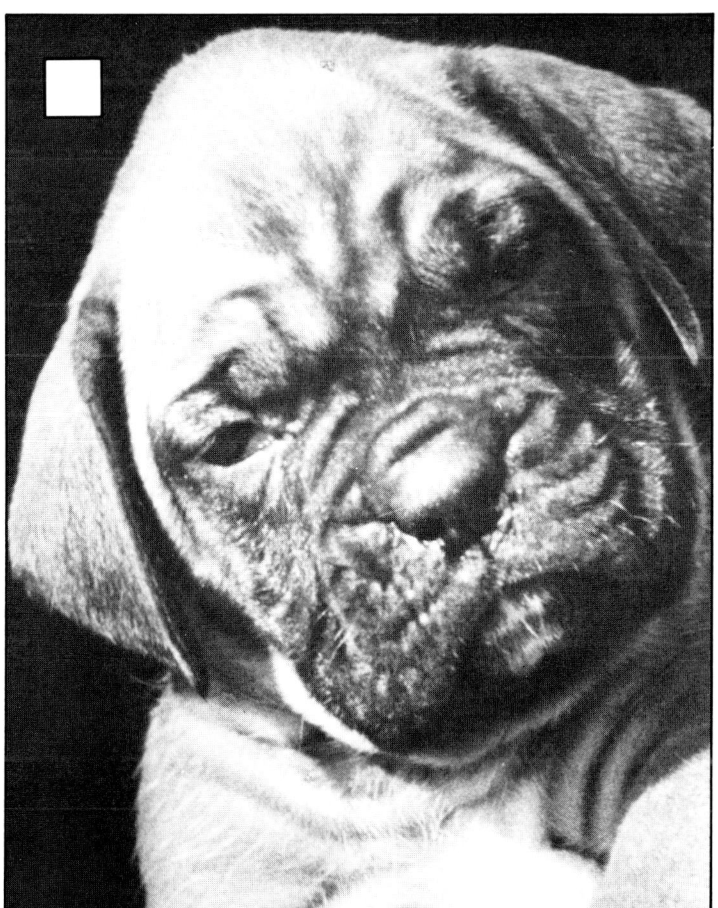

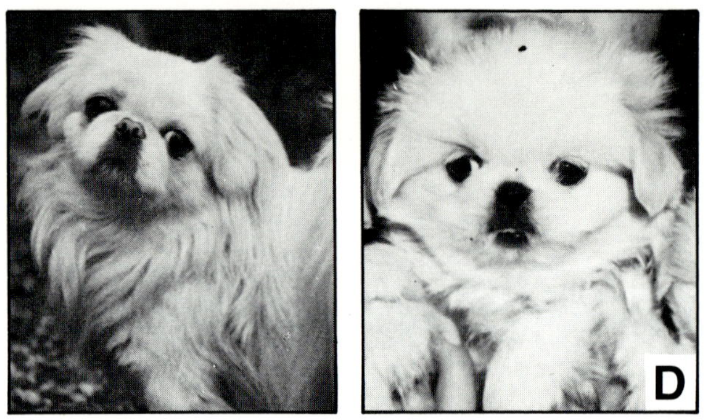

Die beiden „überflüssigen" Hunde waren der russische Laika-Hund (die Vorversuche der russischen Raumfahrt in der UdSSR wurden mit „Laikas" in „Sputniks" unternommen), deren Export nach Westeuropa erst Ende der siebziger Jahre freigegeben wurde. (Buchstabe: **A**)

Der andere ist ein original englischer „Mastiff". Er erreicht fast die Größe eines Bernhardiners. (Die spitzen Ohren der Boxer entstehen erst später durch „Kupierung" seitens eines Tierarztes im Alter von etwa 8 Wochen.)

Schäferhunde wie Boxer dürften für Sie keine unbekannten Rassen sein. Desgleichen Pudel und Bernhardiner.

Der wesentlichste Unterschied zwischen „Japan Chins" (Buchstabe: **C**) und „Pekinesen" (Buchstabe: **D**) besteht darin, daß letztere erheblich kurzbeiniger sind.

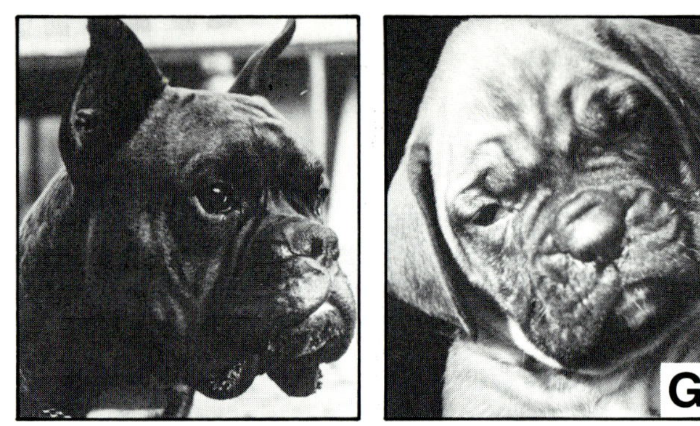

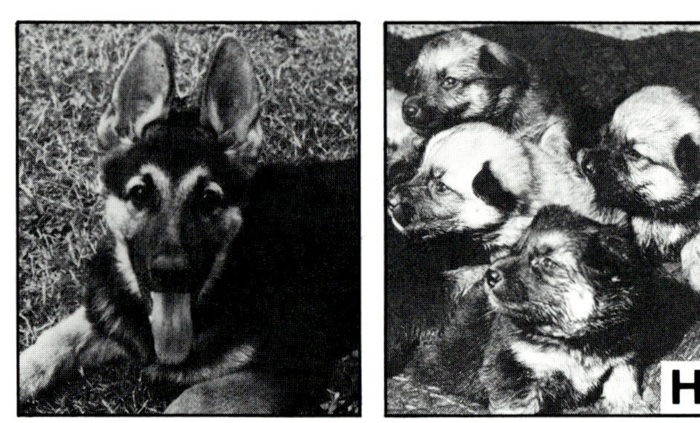

Wertung				
	Drei „richtige" Hunde	Vier „richtige" Hunde	Fünf „richtige" Hunde	Sämtliche sechs Hunde richtig

Eine Bärenarbeit

Jetzt möchte ich Ihnen gern mal so einen richtigen Bären aufbinden und erzähle Ihnen dazu eine kleine Geschichte.

Ihre Aufgabe ist es nun, herauszufinden, wieviele „Bären" darin enthalten sind. (Darunter verstehe ich ganz einfach das Zusammentreffen der drei Buchstaben **„B"**, **„Ä"** und **„R"**. Nicht nur in einem Wort allein.)

Gelesen (oder vorgelesen) wird nur ein einziges Mal! Und bitte nicht zu langsam!

Ich selbst habe es mir auch nicht allzuleicht gemacht und versucht, kaum ein und denselben Bären mehrmals in Erscheinung treten zu lassen.

Sie erhalten von mir zu Beginn ein blitzsauberes vierblättriges Kleeblatt.

Für jeden nicht entdeckten Bären fällt eines seiner Blätter ab.

Klar?

Dann kann ich ja anfangen:

Bärbels Teddy**bär**

Sie liebte ihn über alles. Dabei war er mit der Zeit schon so er**bär**mlich abgewetzt, daß kaum noch zu erkennen war, ob er in seinen Jugendtagen zu den Braun**bär**en oder den Eis**bär**en gehört hatte. Sie behauptete jedenfalls, es wäre ein richtiger Grisley**bär** gewesen. (Ein Grau**bär** aus dem Westen Nordamerikas. Fast neun Zentner schwer.)

Natürlich konnte das keiner nachprüfen, weil noch niemand hier im Dorf jemals einen wirklichen Grisley gesehen hatte. Lediglich ein einziges Mal trat ein Tanz**bär** in einem durchreisenden Wanderzirkus auf.

Zu dem ihren war sie rein zufällig gekommen.

Sie konnte sich genau erinnern.

Auf einer Kirmes war's. Da hatte ein **bär**beißiger See**bär** an der Schießbude gestanden, wo es als ersten Preis für zwölf Treffer eine Flasche Rum zu gewinnen ga**b. Är**gerlicherweise schaffte er nur elf, und bekam den Teddy in den Arm gedrückt. Ein lustiges Bild war's, denn der Kerl war groß und **bär**enstark. **Bär**tig noch dazu. Und da hatte er plötzlich dieses Kinderspielzeug in Händen, das ihm der Budenbesitzer mit einer grandiosen Ge**bär**de überreicht hatte. Sie konnte sehen, wie der Kerl sich grün und gel**b är**gerte, denn er hatte sichtlich Durst und außerdem einen **Bär**enhunger. Gern hätte er den Teddy verscherbelt, nur, daß es auf dem ganzen Rummelplatz keinen Käufer dafür ga**b, är**mlich, wie hier alles war. Plötzlich stand sie vor diesem Brumm**bär**en und schaute ihn groß an.

„Warum schenkst du ihn nicht mir?" fragte sie ihn dann. Er war ungewöhnlich gekleidet für einen Seemann, denn er trug über seiner Seemannskleidung einen offenen Wasch**bär**mantel. Seine Hände waren unruhig, als ver**bär**gen sie etwas. Erst wollte er die Kleine mit seinen **Bär**entatzen kurzerhand beiseite schieben. Doch plötzlich hielt er inne und legte ihr den Teddy in die Hände. Mit einigen wenigen **Bär**ensprüngen verschwand daraufhin der plumpe, schwere Mann in der Menge.

Fast eine Stunde lang suchte sie ihn noch auf dem Platz, um sich bei ihm zu bedanken, doch er war wie vom Erdboden verschwunden. Als es in einer dunklen Ecke Streit gab, lief sie hin, denn sie hörte eine Männerstimme, die drohte: „Paßt auf, daß ich euch nicht das Fell ger**b**', **Är**..., ihr." Sie dachte an den Mantel, den der Seemann getragen hatte, aber er war es nicht.

Bald darauf wurde es dann auch dunkel auf dem Dorfplatz.

Die Kirmes war zu Ende.

Es erlosch alles Licht. Am Himmel konnte man die Sterne sehen. Darunter auch den großen **Bären** und kleinen **Bär**en. Doch diese beiden Sternbilder kannte das kleine Mädchen damals noch nicht.

Sie lief nach Hause, und es ga**b Är**ger, weil sie solange fort gewesen war. Doch ihr war das egal.

Von diesem Tage an besaß sie einen Lieblings**bär**en, dem sie einen ausgefallenen Namen ga**b, Ä**ri**bär**tchen taufte sie ihn, weil sie den Namen Aribert so drollig fand.

Knapp dreißig dürften es sein, wenn ich mich nicht irre.

Haben Sie Ihr Spitzen-Kleeblatt unbeschädigt behalten können?

Wertung

		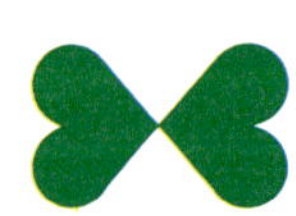	
Sämtliche „Bären" entdeckt	Einen „Bären" übersehen	Zwei „Bären" übersehen	Drei „Bären" übersehen

Übrigens:

Warum erfinden Sie nicht selbst gelegentlich solch ein Spiel mit anderen Wortverbindungen oder Begriffen für Ihre Kinder oder Ihre Freunde?

Nur zu, erzählen Sie mal sowas!

Binden Sie jetzt mal anderen so einen richtigen **Bär**en auf!

Für zahlreiche Hundebesitzer und vornehmlich Züchter gehören Hundeausstellungen zu den wichtigsten Ereignissen des Jahres.

Ihr Traum ist, daß ihr Tier die gebührende Anerkennung für seine Schönheit erhalten möge. Und sollte ihr Vierbeiner gar als „Champion“ bewertet werden, bedeutet dies für sie das höchste Glück auf Erden.

Champion zu sein, heißt, der Beste seiner Rasse zu sein.
Als Weltchampion steht der Sieger also weltweit über allen anderen seinesgleichen.
(Das ist Spitze!)

Nicht anders wie beim Sport der Weltrekord.
Naturgemäß erreichen Menschen wie Tiere diese einmalige Spitze nur in relativ jungen Jahren.
(Ein Hundejahr pflegt man dabei als das Siebenfache eines Menschenjahres zu zählen.)

Halten Sie es dennoch für möglich, daß der bekannte Rüde „Arafat II“ trotz seiner neun Jahre zum vierten Mal das Weltchampionat der Hukahu's (das berühmte Katze-Hund-Züchtungsergebnis Professor Stielmanns) gewonnen hat?

ja?

nein?

ÄTSCH!!!

ÄTSCH!!!

ÄTSCH!!!

Sollten Sie auch dies für möglich gehalten haben, müssen wir Sie leider enttäuschen.

Dann wären Sie nämlich hereingefallen.

Uns ist weder solch eine Katze-Hund-Mischung noch ein vierbeiniger Weltchampion mit Namen „Arafat“ bekannt.

Irgendwelche Namensähnlichkeiten wären rein zufällig.

Falls Sie
NICHT
darauf hereingefallen sind

Spitze — einmal rein geografisch betrachtet

In einem „Spitze"-Buch, denke ich, muß unbedingt auch etwas über die Höchstleistungen unserer Mutter Erde zu finden sein.

Deshalb will ich es mir einmal einfach machen und Sie lediglich nach folgenden fünf Erdrekorden fragen:

1. Wie heißt der längste Fluß?
2. Wie heißt die größte Insel?
3. Wie heißt der höchste Berg?
4. Wie heißt der größte See?
5. Wie heißt der höchste Wasserfall?

Vier richtige Antworten erwarte ich. Für jede gibt es ein Kleeblatt-Blatt.

Genauere Größenangaben verlange ich wohlweislich nicht. Weshalb, verrate ich Ihnen auf der nächsten Seite.

Die Lösungen:

1. Als längsten Fluß der Erde kann man den Nil bezeichnen.
2. Grönland gilt als größte Insel. (Die Antarktis, Australien, wie auch Afrika, Eurasien sowie Amerika gelten als kontinentale Landmassen.)
3. Der höchste Berg heißt Mount Everest.
4. Der größte See ist das Kaspische Meer.
5. Der höchste Wasserfall der Erde ist der Salto Angel in Venezuela.

Ich war der Überzeugung, es würde ein leichtes sein, Ihnen auch die exakten Größenangaben dazu mitteilen zu können. Diese Informationen haben Sie meiner Meinung nach zum Schluß einer solchen Aufgabe oder Frage einfach verdient.

Deshalb schlug ich in verschiedenen Lexika nach. Sie werden staunen, welch verschiedene Angaben ich zu den einzelnen der fünf Fragen fand.

Wertung

Für eine richtige Antwort

Für zwei richtige Antworten

Für drei richtige Antworten

Für vier richtige Antworten

Zu Frage 1:

Hier besteht seit langem ein großer Streit darüber, ob nicht etwa in Wirklichkeit der Amazonas der längere Fluß sei. Wehe, in Südamerika wagt jemand den Nil als längsten Fluß der Erde zu bezeichnen. Oder umgekehrt. (Dieses Problem gehört zu den unüberwindbaren afrikanisch/amerikanischen Gegensätzen.)

Tatsächlich kann man bei dem Amazonas mit Einbeziehung einiger Umwegflüsse auf eine Länge von 6750 Kilometer kommen, während es beim Nil geradewegs lediglich zu lumpigen 6670 Kilometern reicht. So steht es jedenfalls im „Buch der Rekorde" von Guiness zu lesen.

Der „National Geographic Atlas of the World" (1975) gibt an:
Länge des Nils: 6671 km
Länge des Amazonas: 6518 km

Vor knapp 50 Jahren hatte im „Herder-Lexikon" der Nil noch eine Länge von „nur" 6500 Kilometern. Der „Große Brockhaus" dachte vor hundert Jahren nicht im Traum daran, über die Gesamtlänge des Nils genauere Angaben zu machen, da ihm vor allem sein Entstehungsgebiet viel zu verschlungen erschien.

Zu Frage 2:

Grönland umfaßt laut „Guiness" ca. 2 175 000 qkm. 2 175 600 qkm finden sich im „Duden". Vor 50, geschweige denn 100 Jahren gab es hierüber keinerlei Größenangaben.

Zu Frage 3:

Eine Höhe von 8848 m findet man heutzutage übereinstimmend nahezu überall. Vor 50 Jahren wurden noch 8882 m angegeben. Der Mount Everest scheint also alljährlich knapp einen Meter zu schrumpfen.

Zu Frage 4:

Das Kaspische Meer hat bei „Guiness“ einen Flächeninhalt von 371 800 qkm (371 000 im „Meyer“). 393 898 qkm gibt der „National Geographic Atlas of the World“ 1952 als Größe an. 1930 liest man von einer Größe von 424 300 qkm. Doch dies alles hat eine natürliche Ursache, da durch die übergroße Wasserverdunstung der Wasserspiegel des Kaspischen Meeres immer weiter sinkt, wodurch Land freigegeben wird.

In den letzten 50 Jahren entspricht dieser Landzuwachs etwa einem Viertel der Bundesrepublik Deutschland.

Zu Frage 5:

Der Salto Angel hat in „Meyers Enzyklopädisches Lexikon“ aus dem Jahre 1973 eine Höhe von 802 Metern. „Guiness Buch der Rekorde“ gibt als Höhe des höchsten Wassersturzes 807 Meter an (bei einer Gesamthöhe von 979 m). Bestehen bleibt die Tatsache einer Mindesthöhenzunahme von 5 Metern in 9 Jahren, wonach im Jahre 2000 das Wasser bereits aus 817 Meter Höhe herabplätschern müßte. In rund 400 Jahren dürfte er demnach die Traumhöhe für Wasserfälle (1 km) überschritten haben.

(Warum sollen wir in der Geografie nicht auch einmal pingelig sein? So mancher Sportrekord hängt schließlich auch von einer tausendstel Sekunde ab.)

Die auf der Vorseite abgebildeten berühmten Niagara-Fälle sind lediglich 59,9 m hoch (im „Großen Brockhaus“ vor einhundert Jahren: 44 m). Selbst bei uns gibt es nahezu dreimal so hohe Wasserfälle (zum Beispiel in Triberg im Schwarzwald: 163 m).

Was ich Ihnen auf den folgenden Seiten zeige, ist vielleicht nicht gerade das Gescheiteste, was man mit — oder in — einer Telefonzelle alles unternehmen kann. Aber es ist lustig, erfordert einiges an Anstrengung. Außerdem glaubte man, damit einen dieser lustigen Rekorde aufstellen zu können.

Nur, daß zur selben Zeit in England und in den Vereinigten Staaten zugleich dieselbe Idee auf die Welt kam.

Eine Gruppe von Jugendlichen wollte herausbekommen, wieviele von ihnen gleichzeitig in solch einem Häuschen Unterschlupf finden könnten, falls sie einmal bei einer gemeinsamen Klassenreise zufällig von einem Gewitter überrascht würden.

Nun, das Allerkomischste für mich war, daß bei diesem Versuch in beiden Ländern genau dieselbe Anzahl herauskam.

Was schätzen Sie?

Wieviele haben sich zu gleicher Zeit in ihr Telefonhäuschen quetschen können?

7 8

10

13 15

(Ähnlich wie zuvor: Nur der, der genau die richtige Zahl trifft, erhält ein Spitzenkleeblatt. Von da ab geht's schonungslos abwärts.)

Zunächst das Interessanteste:

Die Größe dieser Häuschen scheint in aller Welt nahezu identisch zu sein.

Sich gleichzeitig hineinquetschen konnten sich in England wie in Amerika genau dreizehn!

Dreizehn! Das ist Ihre Glückszahl.

(Eine Frage im Vertrauen: Hätten Sie höchstpersönlich Lust dazu gehabt, bei dieser Quetscherei mit dabei zu sein?)

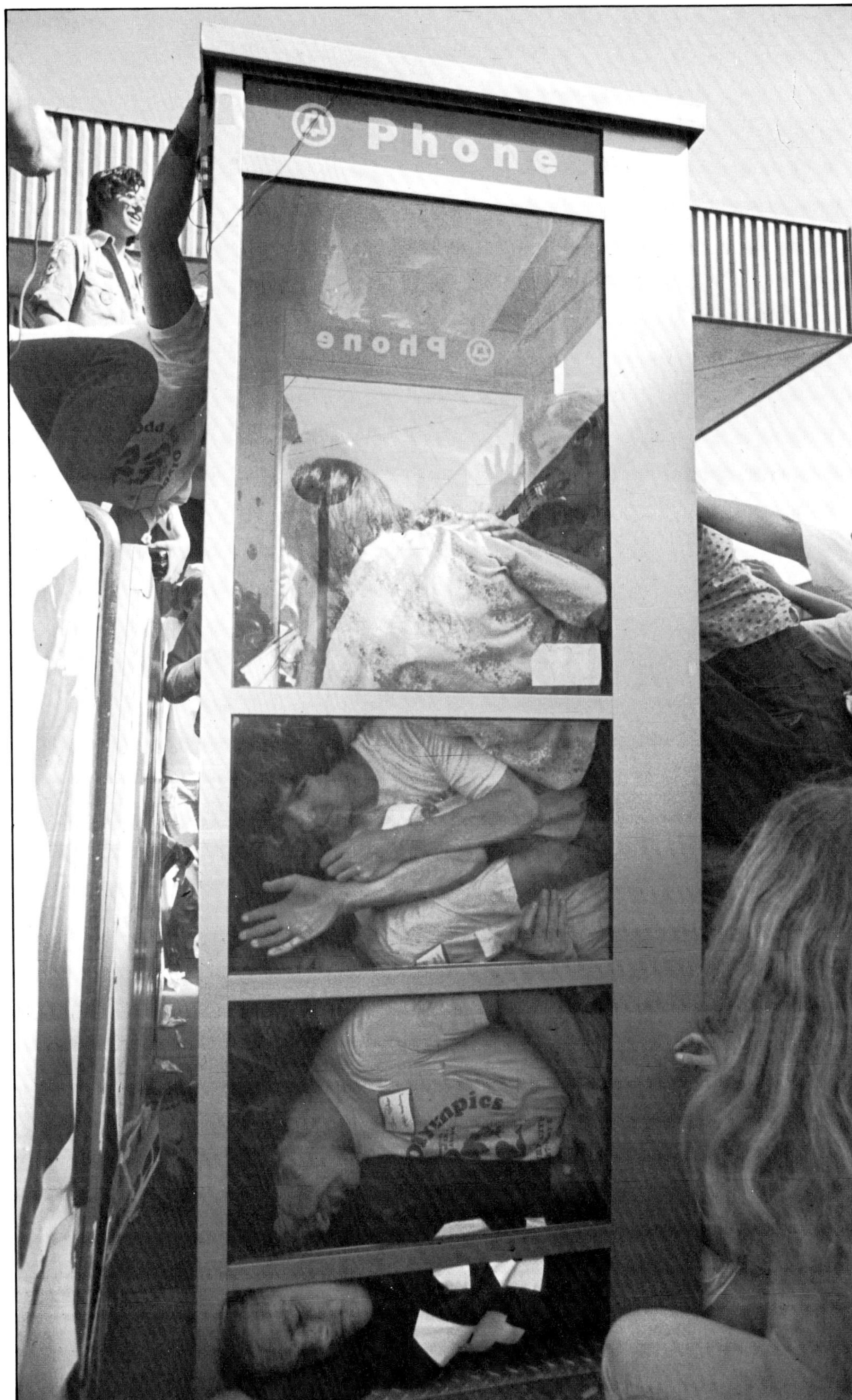

Wertung

13

15

10

8

Die heiße Spur

Dies wird kein Krimi, sondern mir geht es hier ausschließlich um Fährten und Spuren. Für mich war Karl Mays „Winnetou“ die erste Begegnung mit einem großen Fährtenleser. Wie er seine Kunst gelernt hat, aus den Abdrücken im Sand herauszulesen, ob die Reiter vor ihm auf frischen oder müden Pferden unterwegs gewesen waren, wird mir ewig ein Rätsel bleiben.

Ich bin heute glücklich, unterscheiden zu können, ob die Pferdehufe im Waldboden von einem großen Pferd oder von einem Pony stammen.

Zum „fährtegerecht“ sein (das nennt man beim Jäger die Fähigkeit, das Wild richtig nach seiner Spur bestimmen zu können), gehört sicher so etwas wie ein Naturtalent. Bei uns sind Fährten oder Spuren (was der Unterschied davon ist, werde ich Euch auf der folgenden Seite erklären) am leichtesten im Schnee zu erkennen, denn da sind sie am deutlichsten.

Aber traut Ihr Euch auch zu, sie genau zu unterscheiden?

Ihr seht auf dieser Seite sechs verschiedene Fußabdrücke von Tieren.

Ein Pferd befindet sich nicht darunter.

Aber

1. ein Fuchs
2. ein Hase
3. ein Bär
4. ein Hirsch
5. ein Auerhahn
6. ein Dachs

Bitte bekommt heraus, welche Fährte oder Spur zu welcher der sechs Tierarten gehört.

Für jede richtig erkannte Fährte bekommt ihr von mir ein Kleeblatt-Blatt.

Die fünfte und sechste könnt Ihr Euch also sparen, wenn Ihr sicher seid, daß die ersten vier wirklich stimmen.

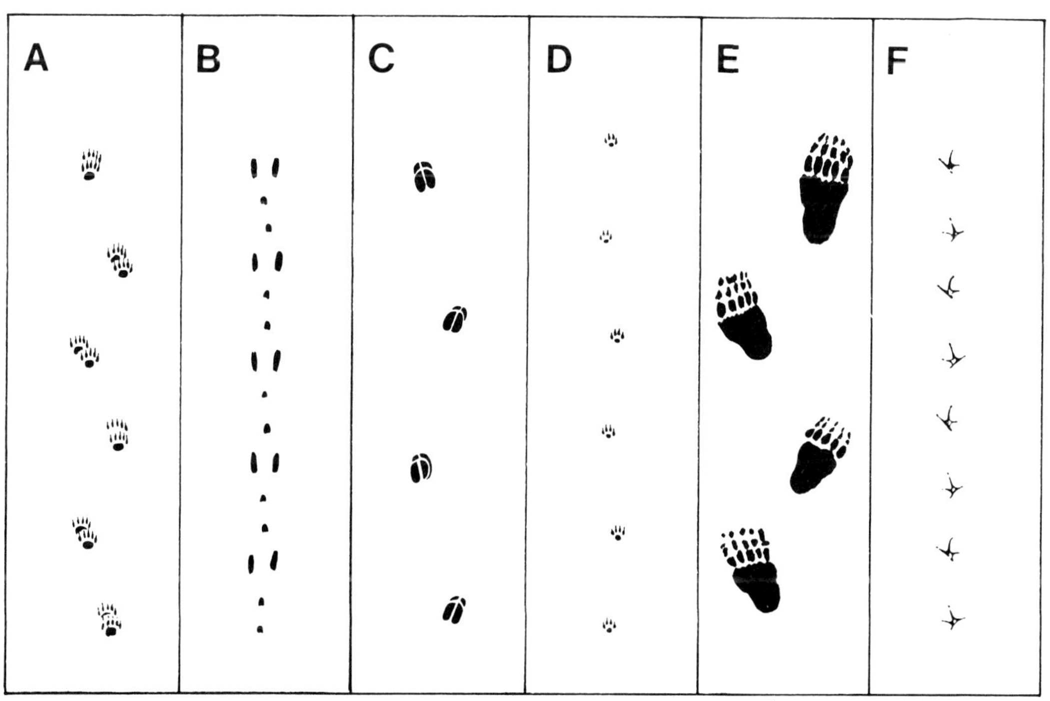

Lösung:

Die Spur **A** ist die eines Dachses
Die Spur **B** ist die eines Hasen
Die Fährte **C** stammt von einem Hirsch
D stammt von einem Fuchs
E hat ein Bär hinterlassen
und an **F** erkennt man, daß ein Auerhahn mit im Spiel war.

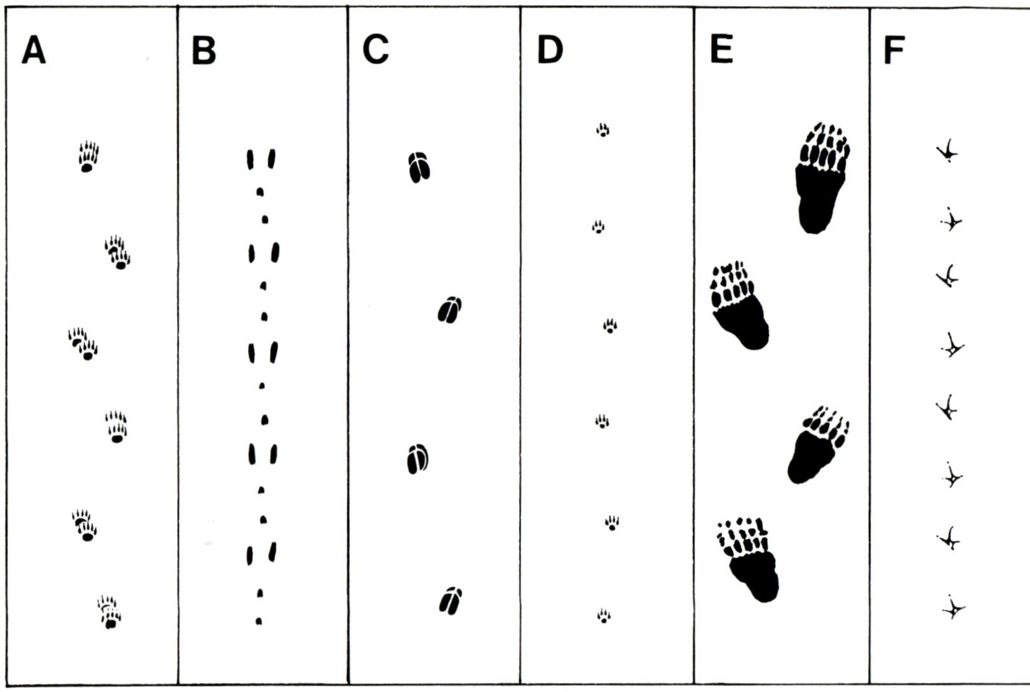

Den Eindruck, den das Wild — wie Hirsche, Rehe, Elche — am Boden hinterläßt, nennt der Jäger „Tritt". Mehrere aufeinanderfolgende Tritte (mit Vorder- und Hinterläufen gemacht) bezeichnet man als „Fährte". Aus ihr kann ein tüchtiger Jäger Wildgattung, Alter, Größe, ja selbst das Geschlecht des Tieres erkennen, von dem die Fährte herrührt. Dann ist er, wie ich schon sagte, „fährtegerecht".

Die Abdrücke von Tieren, die zur sogenannten niederen Jagd gehören (wie Hasen und Füchse) heißen Spuren.
Es gibt „kalte" Fährten, die so alt sind, daß ein Jagdhund sie nicht mehr annimmt, während warme, frische Fährten ihm gute Witterung geben.
Na, wißt Ihr jetzt, was so eine richtig „heiße Spur" ist?

Wenn Ihr **alle** richtig erkannt habt, würde ich mir von Euren Eltern nicht nur eine Tafel Schokolade, sondern dazu auch noch eine Handvoll Bonbons schenken lassen.

Wertung

Eine Fährte oder Spur richtig	Zwei Fährten oder Spuren richtig	Drei Fährten oder Spuren richtig	Vier Fährten oder Spuren richtig

Zu Schiff nach...

Ich hätte Seiten über Seiten mit den Namen der großen Entdecker unserer Erde füllen können, habe mich jedoch auf einige wenige Namen beschränkt.

Und zwar:

Amundsen
Hedin
Kolumbus
Magellan
Nachtigal
Nansen
Nobile

Und hier nun meine Fragen:

1. Welche beiden benutzten zu ihren Entdeckungsreisen Segelschiffe?

2. Welche beiden benutzten zu ihren Fahrten ein Dampfschiff?

3. Welche benutzten Luftschiffe?

4. Wer von ihnen war vornehmlich auf das sogenannte „Wüstenschiff" angewiesen?

Für jede vollständige richtige Antwort erhalten Sie ein Kleeblatt-Blatt.

1. SEGELSCHIFF

Christof Kolumbus (1451-1506) entdeckte 1492 mit dem knapp 30 Meter langen Segelschiff „Santa Maria“ Amerika.

(Zum Vergleich: Das deutsche Segelschulschiff „Gorch Fock“ hat eine Länge von 81,3 m und ist 1.760 BRT groß. Für „alle Fälle“ ist es auch noch mit Maschinenkraft ausgestattet.)

Fernao Magellan (1480-1521) gelang mit dem 118 Tonnen großen Segelschiff „San Antonio“ 1519/20 die erste Weltumsegelung, bei der er auch die südliche Durchfahrt zwischen der Südspitze Südamerikas und der Antarktis (nach ihm Magellanstraße genannt) fand.

2. DAMPFSCHIFF

Fridtjof Nansen (1861-1930) driftete mit der kleinen „Fram“ im Packeis des Nordpolmeeres und durchquerte 1888 als erster das grönländische Inlandeis.

Roald Amundsen (1872-1928) hat auf dem kleinen Fischkutter „Gjöa“ auf seiner Fahrt 1903-1906 die Nordwestpassage zwischen Alaska und dem nördlichen Eismeer entdeckt. Im Jahre 1911 erreichte er als erster den Südpol.

3. LUFTSCHIFF

Dem Italiener Umberto Nobile gelang zusammen mit Roald Amundsen 1926 der erste Flug von Spitzbergen über den Nordpol nach Alaska mit dem Luftschiff „Norge“.

Mit dem Luftschiff „Italia“ verunglückte er.

(Auf der Suche nach ihm ist 1928 Roald Amundsen im Eis verschollen.)

4. WÜSTENSCHIFF

Der deutsche Arzt Gustav Nachtigal (1834-1885) gehört zu den großen Entdeckern und Erforschern Afrikas.

Viele seiner „Ausflüge“ waren für ihn nur mit Hilfe von Kamelen möglich.

(Ihres schaukelnden Ganges wegen wurde Kamelen vom Volksmund die Bezeichnung „Wüstenschiff“ gegeben.)

Sven Hedin (1865-1952), der große Asienforscher, ist auf zahlreichen Aufnahmen gleichfalls auf dem Rücken von Kamelen zu sehen.

Wertung

1 Richtig | 2 Richtige | 3 Richtige | 4 Richtige

Einmal ganz von oben gesehen

Bei der kommenden Aufgabe handelt es sich um Bilder, welche der Satellit „Landsat", der vor allem der zivilen Erderkundung dient, aus über 700 Kilometern Höhe aufgenommen hat.

In anderen Farben als gewohnt, sehen Sie hier drei Bilder, die jeweils Flächen von 180 km zu 180 km, also mehr als dreißigtausend Quadratkilometer der Bundesrepublik Deutschland von dieser Höhe aus zeigen. Insgesamt sind dies fast einhunderttausend Quadratkilometer (Gesamtfläche der Bundesrepublik Deutschland: 248 652 qkm).

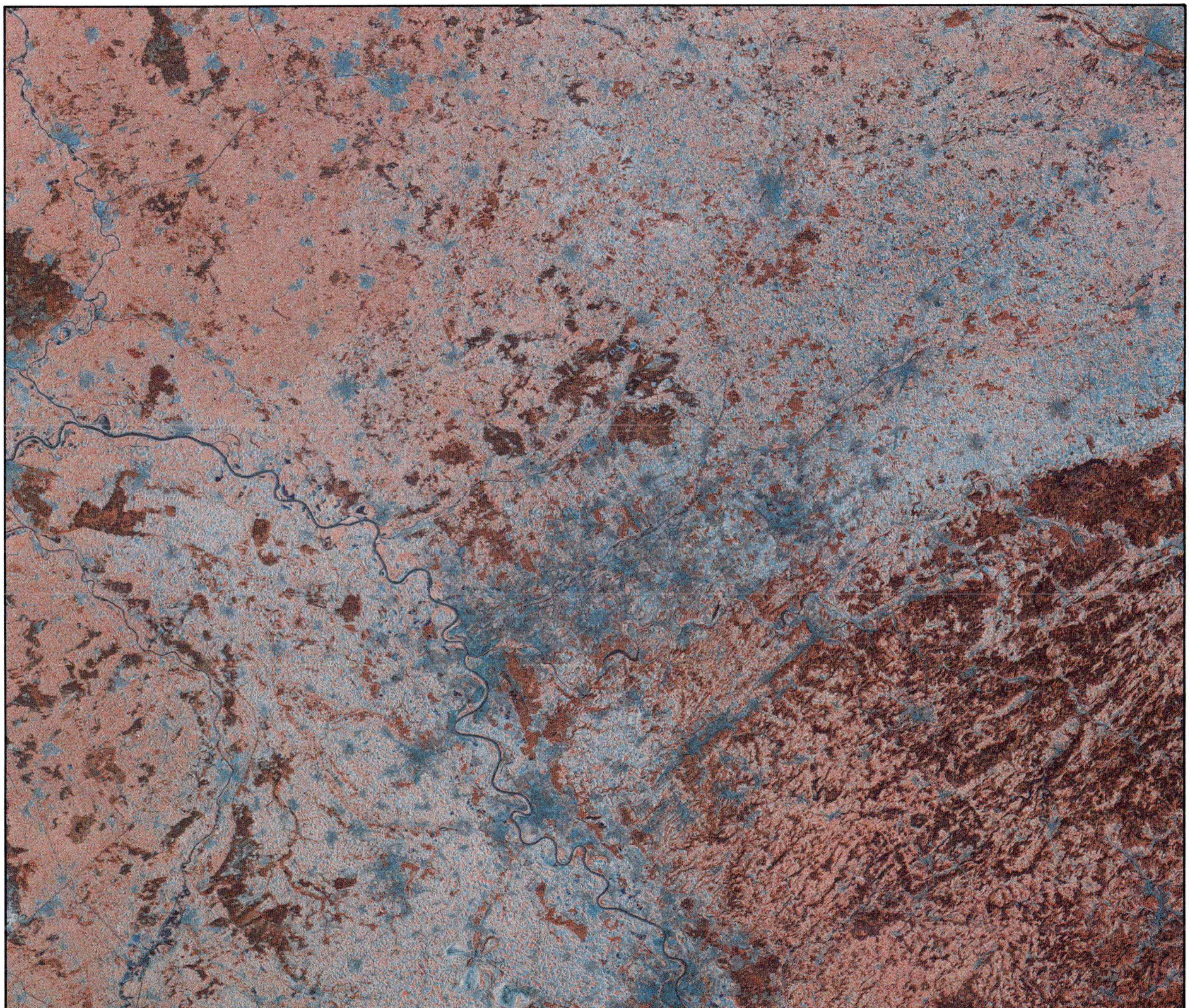

Doch als erstes bitte ich Sie, mindestens zehn der rund zwölf Großstädte mit mehr als einer halben Million Einwohnern in der Bundesrepublik Deutschland zusammenzustellen.

Die nächsten drei Aufgaben basieren darauf:

Bitte sehen Sie sich die drei Satelliten-Aufnahmen genauestens an und schreiben mir dann auf, um welche dieser Großstädte es sich jeweils handelt.

Nochmals: Die Farben sind ungewöhnlich (was die Aufgabe etwas erschwert).

Aber dafür wartet für jede richtige Lösung auf Sie ein original-grünes Kleeblatt-Blatt.

Hier nochmals die 4 Fragen:

1. Nennen Sie mir 10 Städte der Bundesrepublik Deutschland mit mehr als einer halben Million Einwohnern.
2. Welche von diesen Großstädten sind auf dem Satellitenfoto auf Seite 165?
3. Welche auf dem Satellitenfoto auf Seite 166?
4. Und welche auf dem Satellitenfoto auf Seite 167?

Die Antworten:

1. Städte in der Bundesrepublik Deutschland mit mehr als einer halben Million Einwohnern:

Bremen	**Essen**	**Köln**	**Nürnberg**
Dortmund	**Frankfurt**	**München**	**Stuttgart**
Düsseldorf	**Hamburg**		
Duisburg	**Hannover**		

Natürlich habe ich **Westberlin** nicht vergessen.

2. Bei dieser Satellitenaufnahme handelt es sich um das Ruhrgebiet.

   Mitte unten: Köln, nordwestlich Düsseldorf.

   Rechts oben sehen Sie (schlangenlinienartig) das Wiehengebirge, darunter den Teutoburger Wald.

3. Bei dieser Satellitenaufnahme handelt es sich um das Gebiet Schleswig Holstein.

   In der Mitte unten: Hamburg.

   Links sehen Sie die Elbmündung.

4. Bei dieser Satellitenaufnahme handelt es sich um das Gebiet Oberbayern.

   Mitte oben: München.

   Mitte unten: Ötztaler Alpen.

   In der linken oberen Hälfte sehen Sie die Bregenzer Bucht des Bodensees.

Wertung

Eine richtige Antwort

Zwei richtige Antworten

Drei richtige Antworten

Vier richtige Antworten

Deutsche Sprache – schwere Sprache

Ich finde, unsere Sprachlandschaft ist ein so herrliches Gebiet, daß es sich lohnt, darin ein wenig länger zu verweilen.

Ich habe mir für Sie vier Aufgaben ausgedacht, bei denen es jeweils ein Kleeblatt-Blatt zu gewinnen gibt.

Als ganz besonderen Erfolg würde ich es jedoch betrachten, wenn Sie nicht nur nach der Spitze jagten, sondern sich auch ein paar Gedanken über die (zum Teil leider ein wenig aus den Fugen geratene) deutsche Sprache machten.

Erste Aufgabe:

Wir fangen bei etwas veralteten und bei hypermodernen Sprachbegriffen an. (Im Verhältnis 6 zu 6.)

Würden Sie mir bitte davon eine brauchbare Übertragung ins „Normaldeutsch" geben?

Falls diese bei acht von den zwölf so einigermaßen stimmen sollte, haben Sie Ihr erstes Sprachenkleeblatt-Blatt verdient.

Bitte, drücken Sie die folgenden Wörter einmal anders aus, beziehungsweise erläutern Sie mir, was sie bedeuten:

astrein
Backfisch
Nullbock
Kaffeekränzchen
Mitgift
Anstandsdame
plietsch
Bürgersteig
verfranzen
poussieren (aus dem Französischen)

Zweite Aufgabe:

Wir Menschen haben es allesamt von Jahr zu Jahr immer eiliger, und so bleibt uns oft kaum noch die Zeit, das voll auszusprechen, was wir anderen mitteilen wollen. Das typischste Beispiel dürfte anstelle eines beruhigenden „alles in Ordnung" das (leider) nicht mehr wegzudenkende „o.k." sein (bekannt auch in seiner berühmten Umkehrung als „k.o.").

Und so prasseln Tag für Tag zahllose Abkürzungen über Funk, Zeitung und Fernsehen auf uns hernieder, die oft kaum noch richtig auseinanderzuhalten sind.

Ich nenne Ihnen hier davon bescheidene zwölf.

Wenn Sie mir von zumindest acht davon sagen können, was sie (wirklich!) bedeuten, erhalten Sie Ihr zweites Sprachenkleeblatt-Blatt.

UNESCO
BENELUX
EUROCONTROL
OPEC
KSZE
DPA
UNICEF
TEE
NASA
COMECON

Und so stelle ich mir ungefähr die Lösungen von der ersten Aufgabe vor:

astrein	erstklassig, toll, man könnte dazu auch „Das ist Spitze" sagen.
Backfisch	so bezeichneten unsere Großeltern einen Teenager, zu deutsch: ein „junges Mädchen".
Nullbock	bedeutet, daß man im Augenblick auf etwas Bestimmtes keinerlei Lust verspürt, sondern lieber in Ruhe gelassen werden will.
Kaffeekränzchen	nannte man einen Kreis meist älterer Damen, die (ähnlich wie ihre Männer am Stammtisch beim Bier) bei Kaffee und Kuchen zusammensaßen.
Mitgift	hieß alles das, was die Braut zur Hochzeit von ihren Eltern in die Ehe mitbekam, gleichgültig, ob es sich dabei um Geld oder Sachwerte handelte.
Anstandsdame	hieß früher einmal eine (zumeist als störend empfundene) weibliche Person, die dabeizusitzen hatte, wenn ein junger Kavalier einer Dame den Hof machte. Heute würde man sowas als „Kontaktsperre" empfinden.
plietsch	Clever, würde ich sagen. Zu deutsch: Gewitzt. Solch einer hat es „hinter den Ohren".
Bürgersteig	hieß damals weit öfters „Trottoir" und zeigte einen Weg an, der ausschließlich für Fußgänger bestimmt war.
verfranzen	soll deutlich machen, daß man sich verlaufen oder etwas völlig falsch gemacht hat.
poussieren	gleich „flirten" (aus dem Englischen). Damit könnte der erste Annäherungsversuch der beiden Geschlechter gemeint gewesen sein.

Von der zweiten Aufgabe:

UNESCO	United Nations Educational Scientific and Cultural Organization. Sie ist eine Sonderorganisation der UNO (Vereinte Nationen). Genau: Erziehungs-, Wissenschafts- und Kulturorganisation mit Sitz in Genf. Gegründet wurde sie 1946 in Paris.
BENELUX	So heißt die Belgisch-Niederländisch-Luxemburgische Zollunion.
EUROCONTROL	Europäische Luftfahrt-Sicherungsorganisation
OPEC	Organisation erdölexportierender Länder, von der letzten Endes die Benzinpreise abhängen, falls eine evtl. Verbilligung nicht von neuen Steuern abgefangen wird.
KSZE	Konferenz zur Sicherheit und Zusammenarbeit in Europa unter Berufung auf die 1975 in Helsinki und 1978 in Belgrad getroffenen Vereinbarungen.
DPA	Deutsche Presse-Agentur. Sie ist die größte deutsche Nachrichtenagentur mit Zentrale in Hamburg und zahlreichen in- und ausländischen Büros. Gegründet wurde sie im Jahre 1949.
UNICEF	Weltkinderhilfswerk

TEE	Kein Getränk, sondern Bezeichnung der Bundesbahn für den Transeuropa Express.
NASA	National Aeronautics and Space Administration. Das ist die Nationalbehörde der USA für Luftfahrt und Raumforschung.
COMECON	Engl. Abkürzung für RGW. Das ist der Rat für gegenseitige Wirtschaftshilfe.

Dritte Aufgabe:

Wie bezeichnet man die folgenden deutschen Sätze:

„Zwischen zwei Zwetschgenzweigen zwitscherten zwei zwitschernde Schwalben."
„Wenn hinter Robben Robben robben, robben Robben Robben hinterher."

Moment! Die Frage ist noch nicht zu Ende.
Ich möchte auch wissen, wie man Sätze folgender Art bezeichnet:

„Nie, Amalia, lad 'nen Dalai Lama ein!"
„Eine Mark eher drehe — krame nie!"
„Ein Neger mit Gazelle zagt im Regen nie."

Vierte Aufgabe:

Wie bezeichnet man folgende Verse?

„Was frag ich nach Fürst Metternich,
mein Vetter küßt viel netter mich."

„Kein Lüftchen tut die Luhe regen,
die Welt will sich zur Ruhe legen.

Bald fängt Gemuh, Gemecker an:
Die Herde heim treibt Eckermann."

Falls Sie dies wissen sollten, dann

— aber das gehört keineswegs mehr zur Lösung der Aufgabe —

versuchen Sie doch einmal selber, solche Zwei- oder Vierzeiler anzufertigen.

Sowas macht Spaß.

Vielleicht sogar mit einem kleinen Augenzwinkern auf lebende Persönlichkeiten gemünzt, die es Ihnen kaum übel nehmen werden.

Auflösung der dritten Aufgabe:

Erstere sind Sätze, die zu den sogenannten „deutschen Zungenbrechern" gehören.

Letztere sind sogenannte „Palindrome", die sich nicht nur von links nach rechts, sondern ebenso von rechts nach links lesen lassen.

Auflösung der vierten Aufgabe:

Hier handelt es sich um die sogenannten „deutschen Schüttelreime", bei denen man die Anfangsbuchstaben zweier Worte oder Wortteile vertauscht.

Das einfachste Beispiel:

Du bist
Budhist.

Am liebsten wurde von altersher dieses Spiel mit den Namen von Prominenten getrieben.

So war Fürst von Metternich (1773-1859) einer der bedeutendsten österreichischen Staatsmänner und führte zum Beispiel im Jahre 1815 den Vorsitz beim „Wiener Kongress".

Johann Peter Eckermann (1792-1854), mit dem Goethe seine berühmten Gespräche führte, ist in Winsen an der Luhe geboren.

P.S.

Natürlich hätte ich auf den vorhergehenden Seiten auch noch mit der Tatsache spielen können, daß es in der deutschen Sprache Wörter gibt, zu denen es nur wenige, wenn nicht gar überhaupt keine passenden Reimworte gibt.

So steht unter anderen das Wort „Mensch" mutterseelenallein in der Sprachlandschaft. Doch selbst hierzu hat eines Tages ein besonders Schlauer eine Versergänzung gefunden.

Er erzählt in seinem Gedicht die Geschichte eines alten Herrn, der über seine geliebte Stehlampe stolpert, so daß sie zu Boden fällt und zerbricht.

Am Ende ruft der arme Mann entsetzt:

„Oh, er ist zerfetzt, mein schöner Lampensch...'
Mitten in diesem Wort verstarb der Mensch."

Jetzt einmal alles zusammengenommen: Habe ich nicht recht?

Wir behandeln sie zwar mitunter ein wenig schlecht, aber unsere Muttersprache hat es doch auch ganz schön in sich.

Finden Sie nicht?

Wertung

1 richtig

2 richtig

3 richtig

4 richtig

Hier führe ich Ihnen ein nagelneues Motorrad vor.

Den Fahrer darauf habe ich sorgfältig abdecken lassen.

Er ist ein wenig aus der Form geraten und macht den Eindruck, als wenn er ein gesundes Training dringend nötig hätte.

Meine Frage an Sie ist ganz einfach — trotzdem winkt auch hier ein Spitzen-Kleeblatt.

Lassen wir „grün" ein wenig dominieren.

Manchmal soll es doch tatsächlich schon Motorradfahrer geben, die noch grün hinter den Ohren sind und dabei fahren...

Nun, alles weitere sollen Sie ja herausbekommen.

Wer oder was sitzt hier auf dem Motorrad?

Wie Sie sehen, sitzt auf unserem Motorrad im Kleinstformat ein fetter, grüner Frosch.

Ob er sich dabei wohl fühlt, vermag ich nicht zu sagen.
Da müßten Sie ihn schon selber fragen.
Haben Sie's wenigstens richtig erraten?

Falls ja

MAGIE

Ich berichte Ihnen über fünf Höhepunkte aus Vorstellungen großer Zauberkünstler.

Drei der hier von mir geschilderten Kunststücke sollen tatsächlich stattgefunden haben. Zwei habe ich hinzugedichtet.

Welche ereigneten sich wirklich?

Welche stammen von mir?

Sollten Sie die exakt herausfinden, erhalten Sie für jede meiner Geschichten zwei Kleeblatt-Blätter.

1. Als der Magier in einem Schloß auftrat, soll er sich vom Schloßbesitzer einen kostbaren Diamantring ausgeliehen haben. Sogleich, kaum daß er ihn erhalten hatte, warf er diesen aus dem offenen Fenster.

   Diener stürzten umgehend hinaus, um nach dem einmaligen Stück zu suchen. Doch der Zauberkünstler pfiff nur kurz, und herein flog ein Papagei, der sowohl den Ring als auch die Perücke eines der Diener im Schnabel zurückbrachte.

2. Ein elegantes Volkswagen-Cabriolet kam mit verschlossenem Verdeck auf die Bühne gerollt. Er nannte es seine „Arche Noah". Dann öffnete er die Tür auf der Zuschauerseite und fünf oder sechs Kaninchen sprangen heraus, liefen nach rechts und verschwanden in der Kulisse. Gleich hinterdrein kamen zwei Füchse zum Vorschein und liefen nach links. Ihnen folgte ein Leopard, hinterher kroch ein Krokodil. Dann erschien ein Vogel Strauß, dahinter zwei Rehe. Der bunte Reigen schien kein Ende nehmen zu wollen. Kurz vor Schluß gab es sogar noch ein Elefantenbaby zu sehen und als Krönung seine Majestät, den Löwen.

   Über vierzig Tiere sollen es angeblich gewesen sein...

3. Er köpfte zwei Tauben. Die eine war schwarz, die andere weiß. Darauf tat er jeweils einen Körper zusammen mit dem Kopf der anderen Taube in ein Gefäß und holte dann sogleich darauf aus den beiden die wieder lebendig gewordenen Tauben. Nur hatte die schwarze Taube einen weißen Kopf, die weiße den schwarzen Kopf der anderen.

4. Anläßlich einer Vorstellung im Weißen Haus ließ er sich die goldene Uhr des Präsidenten der Vereinigten Staaten reichen und zerstörte diese fein säuberlich vor aller Augen. Anschließend ließ er die zerstörten Einzelstücke verschwinden und durch einen der anwesenden Diener ein Brot hereinbringen, das er dem Herrn Präsidenten reichte, damit der es in zwei Teile zerschneiden konnte. In diesem Brot befand sich dann die unversehrte Uhr.

5. Er fragte die Zuschauer: Wer von Euch möchte nahezu bis zur Saaldecke hinauf schweben? Dann drehte er sich um und ließ die Zuschauer selber bestimmen, wer von ihnen dieses Kunststück mitmachen wolle.

   Eine junge Frau wurde ausgewählt, die daraufhin ein wenig beklommen auf die Bühne ging. Und ohne jede sichtbare Unterstützung brachte er sie dazu, sich aufwärts bis zur mehr als vier Meter hohen Decke zu bewegen und dort für einige Sekunden zu verharren.

   Als man die junge Frau später danach fragte, wie sie sich bei diesem Zauberexperiment gefühlt habe, konnte sie sich an nichts erinnern.

Ich weiß nicht, ob es mir gelungen ist, Sie ein wenig an der Nase herumzuführen. (Genaugenommen ist dies ja das Hauptbemühen eines jeden „echten" Zauberers.)

Also:

Die Geschichten 2 und 5 sind von mir erfunden.

Die erste Vorstellung wird einem Magier namens Carl Herrmann zugeschrieben. Er wurde 1816 in Deutschland geboren und errang als einer der ersten deutschen Zauberer internationale Anerkennung.

Das Zauberkunststück Nummer drei soll ein Italiener namens Giovanni Bartolomeo Bosco vorgeführt haben. Er wurde Ende des 18. Jahrhunderts geboren und galt als größter italienischer Tassen- und Ball-Jongleur seiner Zeit.

Der Zauberer mit der goldenen Uhr ist Amerikaner und heißt Howard Thurston (1869 geboren). Die Vorführung mit der Taschenuhr soll vor dem Präsidenten der USA namens Calvin Coolidge stattgefunden haben.

Hier Ihre Kleeblatt-Blätter

Ist das nicht zauberhaft?

Kartenspielereien

Jetzt ist genau der richtige Augenblick für eine kleine Denkpause. Die Erfahrung lehrte mich, daß man Kandidaten nicht unentwegt auf die Probe stellen kann, ohne ihnen zwischendurch etwas Zeit zum Verschnaufen zu geben. Im Fernsehen würde jetzt mit Gewißheit einer der „Weltmeister der Magie" (als sogenannte „Einlage") auftreten und handgreiflich vorführen, was in der Welt der Zauberei (erst recht heute mit Hilfe der modernen Technik) an einfach Unglaublichem alles möglich sei.

Er würde bestimmt sowohl Sie als auch mich mit seiner Kunst derart verblüffen, daß wir für einige Sekunden oder Minuten darüber den Alltag vergäßen und im berühmten „Siebten Himmel" schwebten.

Meiner Meinung nach ist dies der wahre Sinn der Magie.

Doch wie sollte es möglich sein, davon auch nur einen winzigen Hauch in einem Buch spürbar werden zu lassen?

Ich bin mir nicht so ganz sicher, aber ich glaube, ich hab' da etwas. Vielleicht könnten uns dabei gewöhnliche Spielkarten helfen?

Ein Requisit, das nahezu in jedem Haushalt griffbereit zur Hand sein dürfte.

Im Bereich „Spielkarte" gibt es drei Arten von Zauberei:

Erstens die mit Hilfe von Geschicklichkeit, wobei die Hände des Magiers die Fähigkeit haben, Karten verschwinden und an den unmöglichsten Orten und Stellen wieder auftauchen zu lassen. Hier zählt vor allem die Perfektion von Fingern, die ganze Kartenbündel in die Luft zu werfen vermögen, so daß es vor Spielkarten nur so regnet, um sie blitzschnell wieder spurlos verschwinden zu lassen. Nun, damit kann ich Ihnen hier leider nicht dienen. (Im Vertrauen: Auch auf der Bühne nicht.)

Die zweite Art von Kartenzauberei bedient sich als Grundlage des Tricks. Oft ist dieser so simpel, daß man geradezu geneigt ist, sich hinterher beleidigt abzuwenden, weil man auf sooo etwas hereingefallen ist.

Aber beim Ei des Kolumbus soll es auch nicht viel anders gewesen sein.

Die dritte Methode ist weniger ein Karten-, sondern weit mehr ein Denk- oder Zahlenspiel, wodurch man fast ausschließlich mit Hilfe von Kombinationen zu Lösungen kommen kann, die man normalerweise gleichfalls für unmöglich gehalten hätte.

Von den beiden letzteren Spielarten will ich Ihnen jetzt jeweils ein Beispiel zur Unterhaltung vorführen, jedoch ohne daß dabei etwas Kleeblatt-Blattartiges zu gewinnen wäre.

Statt dessen versetze ich Sie in die Lage, Ihre neuen Erfahrungen an Gästen auszuprobieren. Als Beweis dafür, daß man auch aus solch einem Buch etwas dazulernen kann.

Fangen wir mit dem Zaubertrick an:

Hierzu benötigen wir zwei Spiele von jeweils 24 Karten (neun bis As aller vier Farben).

Besonders effektvoll wäre es, wenn die Rückseiten der beiden Spiele verschiedenfarbig wären. Sagen wir, bei dem einen ist diese grün, bei dem anderen braun. Sie, als Zauberer, beginnen damit, daß Sie Ihren Partner aus einem der beiden Spiele, zum Beispiel aus dem mit der grünen Rückseite eine Karte ziehen lassen. Hierzu breiten Sie sämtliche 24 Karten mit der Rückseite nach oben fächerförmig vor ihm aus. Der Partner ziehe eine der Karten, prägt sie sich kurz ein und steckt sie dann wieder in Ihren Fächer zurück.

Sie, als Zauberer, schieben daraufhin den Fächer wieder zu einem Block zusammen. Auf den Wunsch Ihres Partners können Sie nochmals das ganze Paket kurz offen ausbreiten, damit sich Ihr Partner davon überzeugen kann, daß sich die gezogene Karte noch unter den 24 Karten befindet. Dann übergeben Sie, der Zauberer, ihm den offenen Fächer mit der Bitte, ihn wieder zu einem Block zusammenzuschieben und beiseite zu legen.

Jetzt greifen Sie zu dem anderen Stapel mit der, sagen wir, braunen Rückseite und schlagen Ihrem Partner ein kurzes „Zwischenspiel" vor. Sie übergeben ihm das „braune" Spiel und lassen ihn die 24 Karten mischen und zwölf an sich selbst und zwölf an Sie, den Zauberer, austeilen. Anschließend soll er auch noch die Trumpffarbe bestimmen, und los geht's mit dem Spiel.

Es muß nun — genau wie beim „Sechsundsechzig" — gespielt und bedient werden, nur, daß es keine Paare (König-Dame) dabei gibt. Auch der Kartenwert ist der übliche, und die höhere Karte schlägt selbstverständlich die kleinere. Und wenn einer nicht bedienen kann, kommt eben der Trumpf dran (solange einer noch einen Trumpf in der Hand hat). Am Ende haben Sie und Ihr Partner jeweils einen Stapel von gewonnenen Karten vor sich liegen. Sie bitten ihn, einen davon zu bezeichnen. Er tut das, und Sie sagen ihm, welchen der beiden Stapel er beiseite legen soll.

Daraufhin spielen Sie mit ihm das „Mini-Spiel". Dazu mischt er nochmals und teilt den Rest der Karten aus. Es geht zu wie beim ersten Spiel, nur daß es eben weniger Karten sind.

Am Schluß lassen Sie abermals Ihren Partner auf einen der beiden Stapel weisen und legen selbst einen der beiden beiseite. Den Rest der Karten lassen Sie ihn aufteilen, die eine Hälfte kommt wiederum weg, und das geht so lange, bis nur noch zwei der braunen Karten übrig sind. Sie bitten Ihren Partner, eine der beiden zu bezeichnen. Entweder legen Sie jetzt als Zauberer diese eine Karte beiseite oder die andere weg.

Zurück bleibt eine einzige braune Karte, und die ist mit Gewißheit dieselbe Karte, die Ihr Partner zu Beginn des Ganzen aus Ihrem grünen Fächer gezogen und sich eingeprägt hatte.

Verblüffend. Oder etwa nicht?

Wie ist sowas nur möglich?

Durch einen ganz einfachen Trick:

Sie, als sich produzieren wollender Zauberer, hatten die Karten des grünen Spiels bereits vor Ihrer Vorführung so geordnet, daß die erste Hälfte Ihres Fächers nur aus den 12 geraden Karten (10, Dame und As) und die zweite Hälfte lediglich aus den 12 ungeraden (9, Bube und König) bestand.

Aus der einen Hälfte ließen Sie Ihren Partner eine Karte ziehen und hielten anschließend den Fächer so vor ihn hin, daß er die eingeprägte Karte automatisch in die andere Hälfte des Fachers steckte. Nach dem Stapelbilden und dem ihm kurz nochmals den offenen Fächer Vorzeigen, konnten Sie auf einen Blick erkennen, welches die von Ihrem Partner gezogene Karte gewesen war.

Klar?

Das Spiel mit den braunen Karten diente lediglich dazu, Sie als Zauberer ständig genau wissen zu lassen, in welchem Stapel sich die bewußte Karte gerade befand, und das führten Sie so weiter durch — ständig diese eine Karte im Auge — bis lediglich noch zwei oder drei, im Ausnahmefall, Karten auf dem Tisch lagen.

So! Jetzt brauchen Sie nur noch einen geeigneten Partner zu finden, der mitmacht.

Und natürlich einen möglichst großen Zuschauerkreis dabei!

Und jetzt zum Denk- beziehungsweise Zahlenspiel:

Sie als Zauberer haben vor sich einen Stapel mit vierundzwanzig Karten liegen. Rückseite nach oben. (Diesen Stapel werden Sie bis Ende des Spiels nicht berühren.) Ihrem Partner reichen Sie bitte Bleistift und Papier. Als erstes soll er — ohne, daß Sie etwas sehen können — eine beliebige dreistellige Zahl aufschreiben, deren erste Ziffer jedoch mindestens um zwei höher ist als die letzte, da sich sonst das Spiel, wie er gleich sehen wird, nicht weiterspielen läßt. Ihr Partner schreibt zum Beispiel die Zahl 856. Dann lassen Sie ihn die Spiegelzahl davon bilden. Das heißt, die erste und die dritte Ziffer werden gegeneinander ausgetauscht. Bei ihm wäre das dann 658. Diese Zahl bitten Sie ihn, von der ersten abzuziehen. Das Zwischenergebnis bei ihm wäre 198. Darunter bitten Sie ihn, die Spiegelzahl von diesem Zwischenergebnis zu schreiben. Das wäre in seinem Fall die Zahl 891. Diese beiden letzten Zahlen lassen Sie ihn addieren. Das hieße bei ihm 198 plus 891, und heraus käme die Zahl 1089. Von dieser Summe bitten Sie ihn die Quersumme zu bilden. Also 1 plus 0 plus 8 plus 9. Dies ergibt zusammen 18. Sie fragen ihn, ob sein Ergebnis ein-, zwei- oder gar dreistellig sei. In diesem ganz speziellen Falle ist es zweistellig. Nun, zweistellige Zahlen kennt man nicht im Kartenspiel. Deshalb bitten Sie ihn (der Arme muß viel rechnen), von seiner Schlußzahl abermals die Quersumme zu bilden: 1 plus 8 ergibt neun.

Sie als Zauberer wollen sein Schlußergebnis überhaupt nicht wissen, sondern bitten ihn, den unberührten Kartenstapel an sich zu nehmen und soviel Karten abzuzählen, wie er auf seinem Zettel stehen hat. Sie lassen ihn wählen, ob er von oben oder von unten her zählen will. Die letzte Karte — in diesem Fall also die neunte — bitten Sie Ihren Partner offen auf den Tisch zu legen.

Es ist eine 9!

Ist das nicht toll?

Hierbei war es lediglich nötig, daß sich in Ihrem Stapel von Anfang an, also schon bevor Sie die Karten auf den Tisch legten, die beiden Neunen von oben wie von unten an neunter Stelle befanden, denn Sie wußten, beziehungsweise erfahren es jetzt von mir, egal, welche dreistellige Zahl Ihr Partner wählt, heraus kommt am Ende stets die 9.

Prüfen Sie's einmal selber nach.

Welche dreistellige Zahl Sie auch wählen, immer landen Sie als Zwischenzahl bei der 1089.

Sehen Sie, so einfach ist das, wenn man sich mit Zahlen ein klein wenig auskennt.

Nicht rein zufällig spricht der Mensch von „Launen der Natur", denn es gibt oft Auswüchse im wahrsten Sinn des Wortes, die so außerhalb alles Gewohnten stehen, daß man sie einfach nicht anders bezeichnen kann.

Als wir das Bild hier mit dem Knoten im Stamm auswählten, kam zur Sprache, ob an solch einer Kuriosität wirklich die Mutter Natur die alleinige Schuld trage.

Könnte es nicht auch möglich sein, daß Menschen dabei ihre Hand mit im Spiele hatten? Daß solch ein Kuriosum kein Zufall, sondern das bewußte Ergebnis einer Züchtung ist?

Was meinen Sie?

☐ **Eine Laune der Natur?** ☐ **Das Ergebnis einer Züchtung?**

Könnten wir Ihnen nicht auch diese weiteren drei Bilder vor Augen führen, würden Sie es vielleicht doch nicht für möglich gehalten haben, daß man sogar Knoten in die Stämme von Bäumen züchten kann.

Knoten, Leitern, Gitter und sogar Herzen, falls man das rechte Herz zu solchen Extravaganzen hat.

Der Züchter dieses „The World Famous Tree Circus“ in der Nähe von Santa Cruz heißt Axel Erlandson und betrachtet sein Züchten von diesen Auswüchsen als ein Hobby, für das er dieselbe Anerkennung wie so mancher Bildhauer für sein ähnlich unverständliches Werk zu verdienen glaubt, weil diese Pflanzen ihr bizarres Aussehen einzig und allein seiner Fantasie (und natürlich auch seinen gärtnerischen Fähigkeiten) verdanken.

Seit rund 25 Jahren arbeitet er an Creationen dieser Art, die angeblich weltweit Bewunderer gefunden haben.

Falls Sie den Knoten als reine Laune eines Züchters richtig eingeschätzt haben sollten, verdienen Sie dieses eine Spitzen-Kleeblatt (garantiert unverbildet)

Mein „technisches Klavier“

a Motorrad
b Radio
c Photographie
d Phonographie
e Unterseeboot
f Dampflokomotive
g Stromkabel
h Telefon
i Fahrrad
j Tonfilm
k Atombombe
l Motorflugzeug
m Kraftwagen
n Mondlandung
o Dynamit
p und natürlich das **FERNSEHEN**

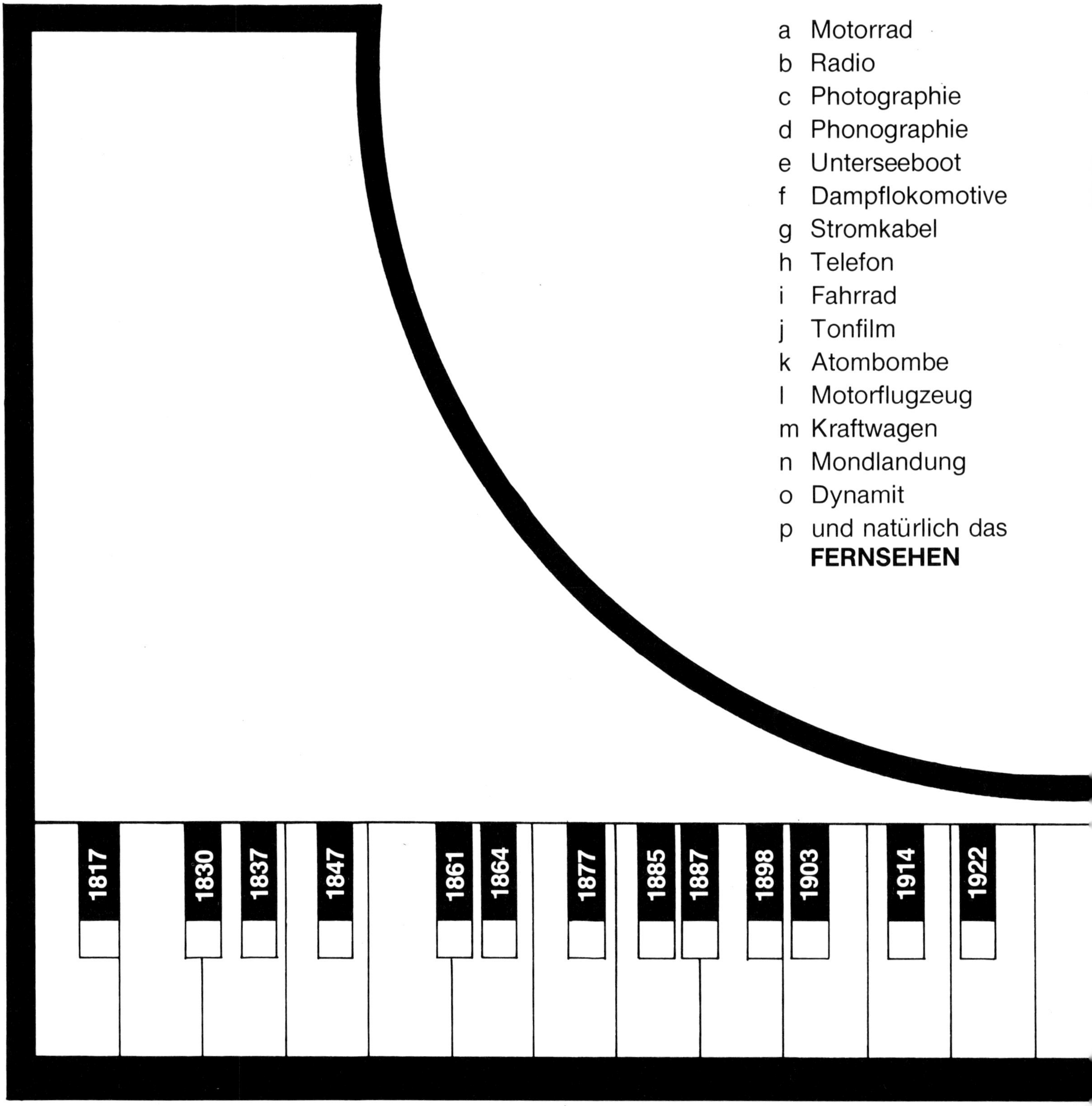

Ursprünglich wollte ich in diesem Buch unbedingt so etwas wie meine „Dalli-Dalli-Tonleiter" unterbringen.

Doch fehlen mir hierzu einfach die Töne und außerdem die beiden miteinander wetteifernden Kandidaten.

Dafür habe ich mir jetzt folgendes ausgedacht:

Ich setze Ihnen so etwas wie eine Klaviatur vor. Jede weiße Taste steht für ein Jahrzehnt.

Anstelle der schwarzen Tasten finden Sie — ein wenig unregelmäßiger angeordnet als beim Klavier, versteht sich — kleine Kästchen mit jeweils einer bestimmten Jahreszahl, dem Geburtsjahr einer bedeutenden Erfindung.

In diesen Kästchen gibt es außerdem Platz, um (wie schon des öfteren geraten: mit Bleistift) einen der Buchstaben von „a" bis „p" einzutragen.

Diese sechzehn Buchstaben finden Sie vor den darunter angeführten 16 Erfindungen, die ich Sie lediglich bitte, in der richtigen Reihenfolge einzutragen.

Glauben Sie mir, es ist einfacher, als Sie zunächst annehmen, und wenn Sie erst einmal mit dem Überlegen angefangen haben, ergibt sich vieles von selber.

Zu der Erfindung des Fernsehens lassen Sie mich bitte folgendes sagen:

Hier kann man drei verschiedene Jahre als Anfangsdatum bezeichnen:

1. Das Jahr, in welchem vom NWDR in Deutschland das öffentliche Fernsehen wieder aufgenommen wurde. (Und zwar am 25. Dezember.)
2. Das Jahr, in dem die „Reichsrundfunkgesellschaft" mit den ersten „großen Übertragungen" begann (mit der Ausstrahlung von Versuchssendungen wurde bereits zwei Jahre früher angefangen).
3. Das Jahr, als ein gewisser Paul Nipkow die sogenannte „Nipkow-Scheibe" erfand.

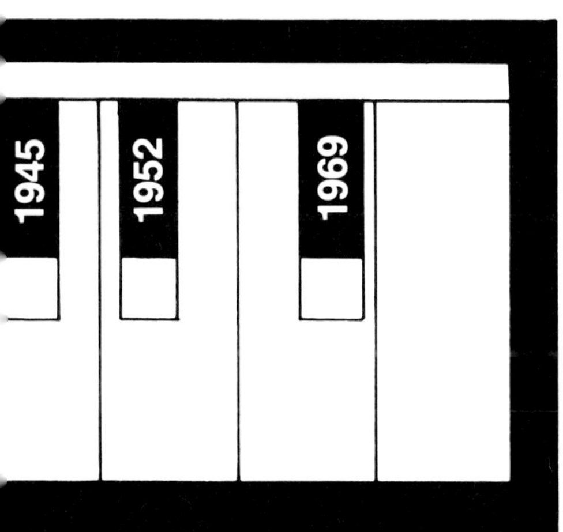

Mir genügt, wenn sie das „s" in eins der drei dafür vorgesehenen Kästchen richtig einzuordnen wissen.

Natürlich gibt es für viele Erfindungen auch sogenannte „Vorläufer" (von denen ich Ihnen auf der nächsten Seite kurz berichten werde). Und falls Sie über das eine oder andere Datum besser Bescheid wissen sollten als ich, nehmen Sie mir dies bitte nicht allzu übel. (Darf ich hierzu nochmals auf meine Randbemerkungen bei meiner „geographischen Aufgabe" hinweisen?)

Und außerdem: Ich habe mich noch nie für allwissend gehalten.

Einverstanden?

Falls Ihre Reihenfolge hinterher mit der meinen auf meinem „technischen Klavier" im großen und ganzen übereinstimmen sollte, und Sie nicht mehr als sechs Daten umzuordnen brauchen, würden Sie ein wohlverdientes Spitzenkleeblatt erhalten.

Bei drei „Richtigen", was Ihnen bestimmt möglich sein wird, ist also bereits das erste Kleeblatt-Blatt fällig.

Und folgendermaßen hätten Sie in der
richtigen Reihenfolge auf meinem „technischen Klavier“ gespielt:

i f c g h o d a m e l b j k p n

1817 (i) In diesem Jahr erfand in Karlsruhe Karl Friedrich Freiherr Drais von Sauerbronn die direkte Vorgängerin des Fahrrads: seine Draisine.

1830 (f) In diesem Jahr fuhr die erste von einer Dampflokomotive gezogene Eisenbahn am 15. September von Liverpool nach Manchester.

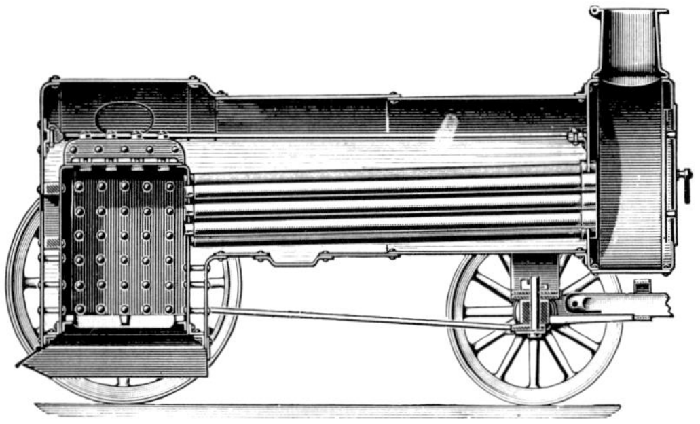

1837 (c) In diesem Jahr erfand der französische Maler Jacques Daguerre das erste praktisch verwendbare photographische Verfahren (Daguerreotypie). Dies wurde 1839 von der französischen Regierung angekauft und der Weltöffentlichkeit zur Verfügung gestellt.

1847 (g) Stromkabel.
Ursprünglich wollte ich auf meinem „technischen Klavier“ auch die Erfindung der Drahtseilbahn zum Klingen bringen (angeblich 1869 durch einen Herrn von Drücker in Bochum), doch die Angaben darüber waren derart widersprechend, daß ich mich statt dessen für das sicherere Kabel entschieden habe. Gewiß fanden im Jahrzehnt zuvor schon zahlreiche Versuche (vor allem durch S. Morse) statt. Aber erst Werner von Siemens erfand 1847 die Guttaperchapresse zur nahtlosen Umhüllung von Kupferdrähten und führte 1851 das Bleimantelkabel ein.

1861 (h) gilt als Geburtsjahr des Telefons. Johann Philipp Reis führte in Frankfurt den ersten brauchbaren Fernsprecher vor. Weitergeführt und produziert wurde diese Erfindung dann durch Alexander Graham Bell.

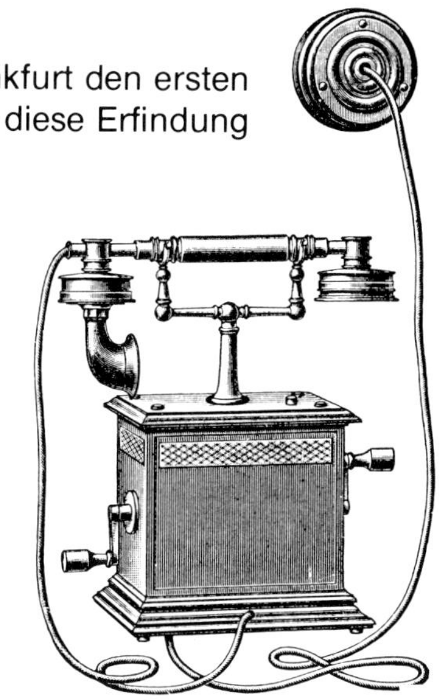

1864 (o) gilt als Geburtsjahr des Dynamits. Sein Geburtshelfer war der Schwede Alfred Nobel, der sein schlechtes Gewissen, etwas derart Zerstörerisches erfunden zu haben, mit den weltbekannten (und begehrten) Nobel-Preisen zu beschwichtigen suchte.

1877 (d) In diesem Jahr erfand Thomas Alva Edison, einer der größten technischen Erfinder der Menschheitsgeschichte, den Phonographen (Vorläufer des Grammophons). Doch dies war nur eines unter seinen mehr als tausend Patenten.

1885 (a) wurde mit Hilfe von Gottlieb Daimler das erste motorisierte Zweirad hergestellt. Im Jahre 1883 erhielt Gottlieb Wilhelm Daimler das erste Patent auf einen Verbrennungsmotor.

1887 (m) baute in natürlicher Fortsetzung seines Motorrads Gottlieb Wilhelm Daimler den ersten vierrädrigen „Kraftwagen“ mit Benzinmotor.

1898 (e) Unterseeboot.
Bereits im 17. Jahrhundert wurden diesbezüglich erste Bauversuche unternommen. Es folgten der Amerikaner Fulton (1804) und der deutsche Ingenieur Bauer (1850). Erst dem Franzosen G. Zédé soll es 1888 gelungen sein, ein Unterseeboot zu bauen, das wirklich tauchfähig war. Andere Lexika nennen zehn Jahre später als Erfinder J. P. Holland.

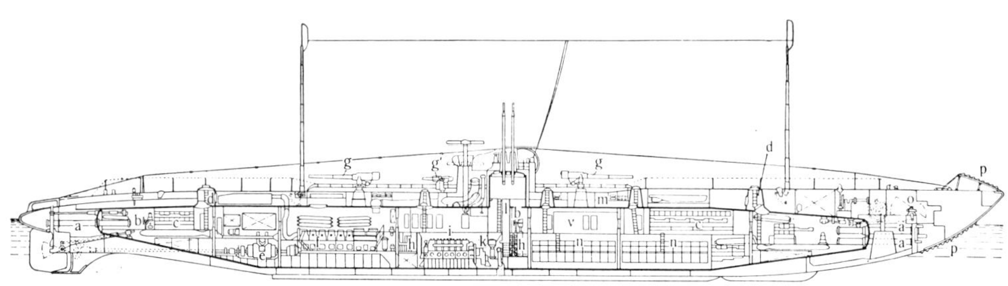

1903 (l) ist das Jahr, in welchem den amerikanischen Gebrüdern Orville und Wilbur Wright (nach Ideen des deutschen Flugpioniers Otto Lilienthal) der erste Motorflug der Welt gelang. Er dauerte genau 12 Sekunden und brachte sie 50 Meter weit.

1914 (b) wird allgemein als Geburtsjahr des Radios angesehen. Natürlich begann die Bastelei daran auch hier bereits mehr als zwanzig Jahre früher. Hervorgegangen ist dies alles aus der Funktelegraphie. Das Radio ist gewissermaßen „teamwork“. So wurde z.B. 1906 die Dreielektroden-Verstärkerröhre erfunden (Lieben) und 1913 die Rückkopplung entdeckt (Meißner). Um 1922 setzte die große Verbreitung des Rundfunks ein.

1922 (j) in diesem Jahr wurde von der Erfindergruppe „Tri Ergon“ der Tonfilm nach dem Lichttonverfahren vorgestellt. Um 1929 hat dann die eigentliche Produktion von Tonfilmen begonnen.

1945 (k) Am 6. August dieses Jahres wurde von der Luftwaffe der Vereinigten Staaten von Amerika die erste Atombombe über besiedeltem Gebiet (Hiroshima) abgeworfen.

1952 (p) Fernsehen.

1. Der 25. Dezember 1952 gilt als Startbeginn des heutigen Fernsehens der Bundesrepublik Deutschland.
2. ist das Jahr 1936. Anlaß dazu boten die Olympischen Spiele in Berlin.
3. ist das Jahr 1884.
   Genau 68 Jahre hat es also gedauert, bis aus der Nipkow'schen Scheibe unsere „Glotze“ wurde. Paul Nipkow (1860-1940) gehört zu den großen Pionieren des Fernsehens. Seine rotierende Scheibe mit ihren spiralig angeordneten quadratischen Löchern diente dazu, das hinter der Scheibe befindliche Bild in einzelne Punkte zu zerlegen. Die heutige Norm der Zerlegung beträgt 625 x 625. Unser Fernsehbild ist also in eine halbe Million Bildpunkte aufgeteilt.

1969 (n) Mondlandung!!!
Am Sonnabend, dem 19. Juli, 21 Uhr 19 MEZ, landete die erste Raumfähre der Erde mit den beiden Amerikanern Armstrong und Aldrin an Bord (während Michael Collins weiter mit der Apollo 11 um den Erdtrabanten kreiste) auf dem Mond.

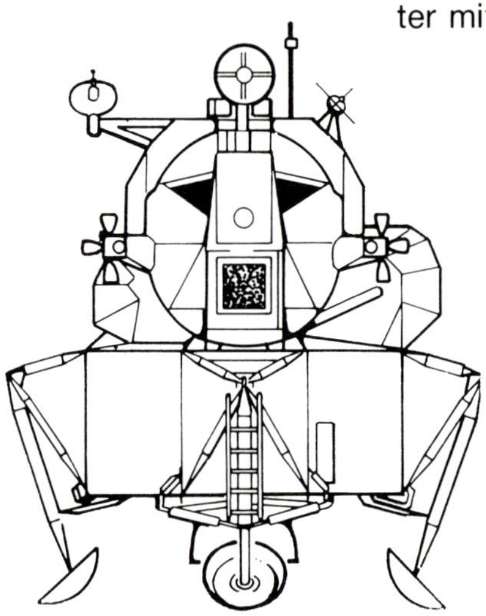

Bitte sondern Sie jetzt alle in ihrer Reihenfolge nicht stimmenden Erfindungen aus und zählen die restlichen zusammen.

Für jeweils drei „übriggebliebene“ richtige Daten erhalten Sie ein Kleeblatt-Blatt.

Wertung

Drei Richtige

Sechs Richtige

Neun Richtige

Zwölf Richtige

Andere Länder — andere Zeiten

Raten Sie einmal, warum ich hier so herausfordernd auf meine Armbanduhr deute?

Keine Angst, es handelt sich ausnahmsweise um keine Stoppuhr und soll Sie auch nicht an mein gewohntes Dalli-Dalli-Tempo erinnern.

Nein, mir ging es hier einzig und allein um die Zeit. Meine Armbanduhr zeigt auf die Sekunde genau, daß wir zwölf Uhr mittags haben.

Da ich außerdem auch noch das Datum von ihr ablesen kann, weiß ich, daß es sich um einen Oktobertag handelt, an welchem wir sogenannte „Normalzeit" haben.

Vorhin, als ich aus dem Fenster schaute, sah ich, daß dieser Oktobertag sogar strahlte. Wie aus einem Märchenbuch. Doch sein Strahlen hat mit unserer Aufgabe nichts zu tun.

Also bitte:

Können Sie mir auf die Stunde genau sagen, welche Stunde es zur gleichen Zeit in anderen Großstädten der Welt in dieser Minute geschlagen hat?

Auf den beiden folgenden Seiten zeigen wir Ihnen Uhren aus zwölf anderen Orten, von denen Sie die zur gleichen Zeit dort geltende Tageszeit ablesen können. Mal ist es da früher, mal ist es später.

Bei vier der Zeitangaben haben wir allerdings bewußt einen Fehler gemacht.

Trauen Sie sich zu, diese vier Fehler herauszufinden?

Für jeden entdeckten Fehler erhalten Sie ein Kleeblatt-Blatt.

Alle vier falsch gehenden Uhren zu entdecken, ist dabei Spitze, zumal, wenn man, wie Sie, auf diese Art von Fragen überhaupt nicht vorbereitet war.

Aber weshalb soll es Ihnen besser ergehen als meinen Kandidaten vor der Kamera?

12.00 Mittag in Deutschland

(Normalzeit)

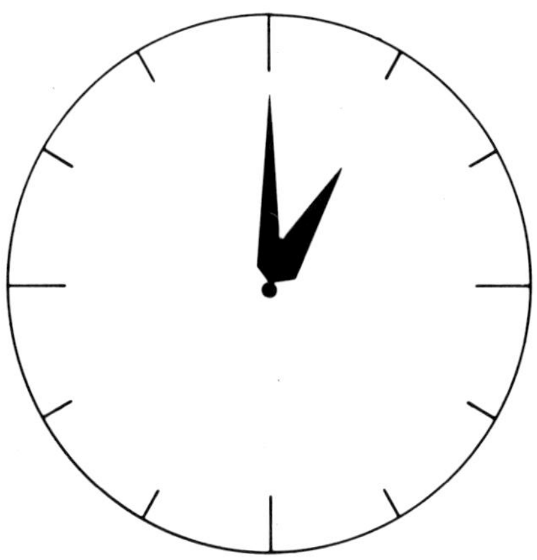

Tunis 13.00

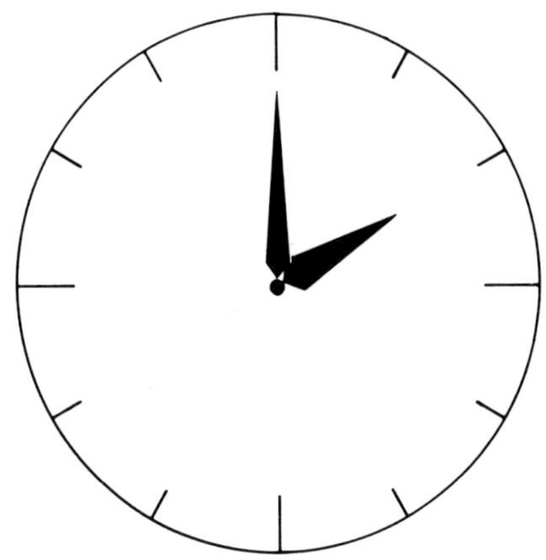

Moskau 14.00

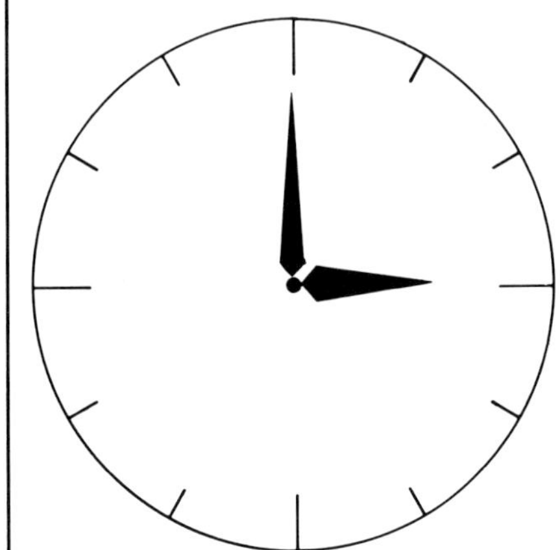

Teheran 15.00

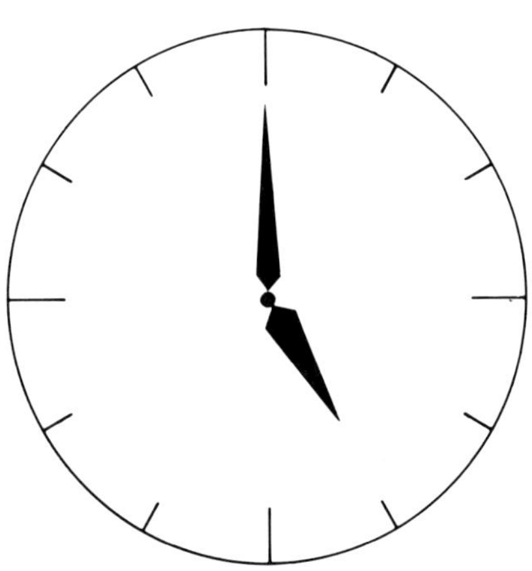

Delhi 17.00

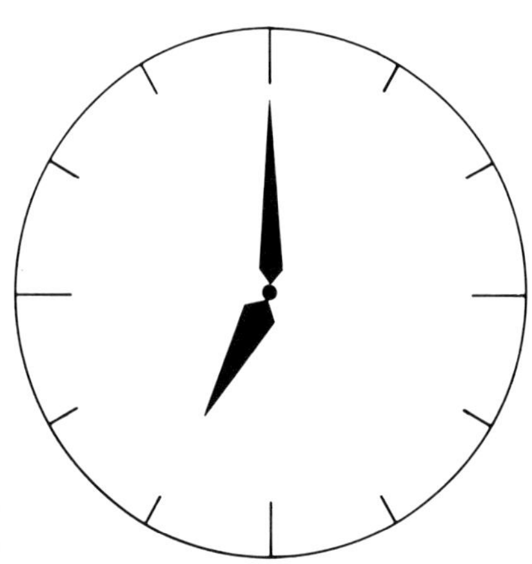

Peking 19.00

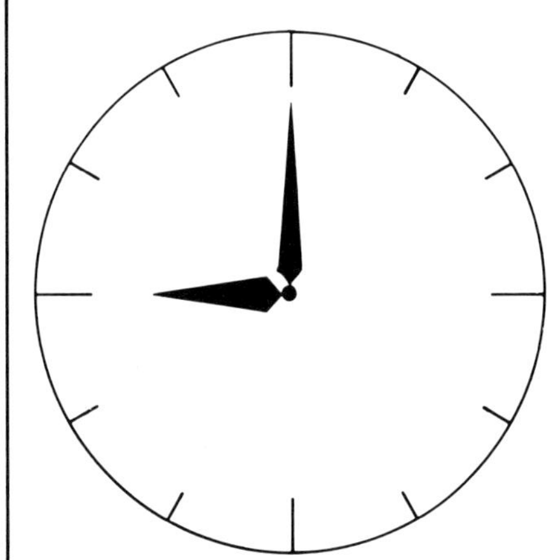

Sydney 21.00

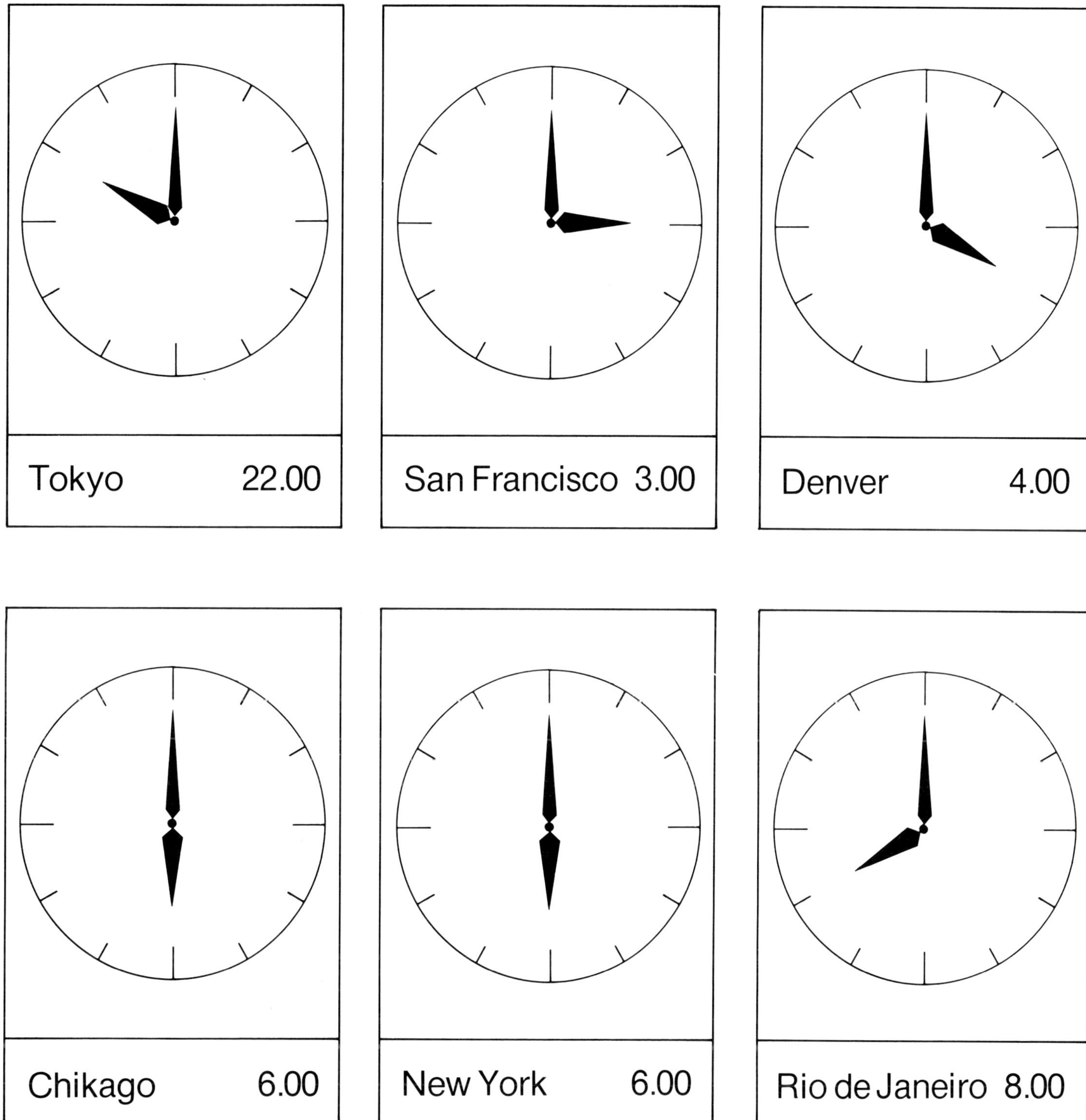
Tokyo 22.00
San Francisco 3.00
Denver 4.00
Chikago 6.00
New York 6.00
Rio de Janeiro 8.00

Hier unsere bewußten vier Fehler:

Tunis 12.00

1. In Tunis haben wir dieselbe Zeit wie bei uns, nämlich genau zwölf Uhr mittags.

   (Man darf, was die Zeit betrifft, „Nord — Süd" und „Ost — West" niemals miteinander verwechseln!)

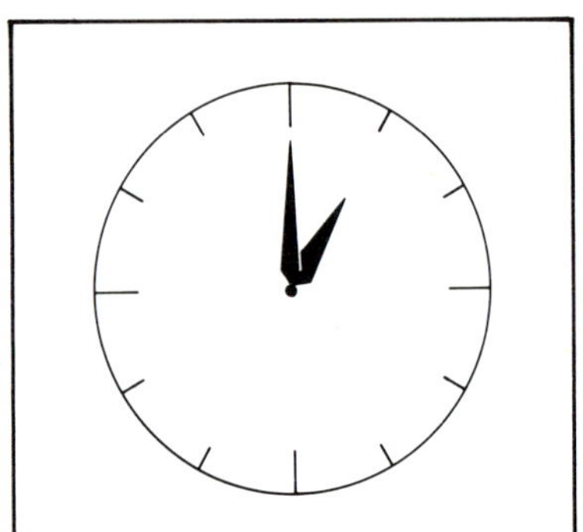

Moskau 13.00

2. In Moskau waren wir auf unserer Zeichnung ein wenig zu schnell. Dort haben sie nämlich nur eine Stunde Vorsprung. Also genau 13.00 Uhr ist es dort, wenn bei uns beide Zeiger auf zwölf stehen. Das Doppelte sind uns die Russen nämlich wirklich nicht voraus (in punkto Zeit, meine ich).

Tokyo 20.00

3. In Tokyo sind es genau acht (nicht zehn) Stunden Vorsprung.

   Dort sieht man sich bereits die Zwanzig-Uhr-Nachrichten an, wenn bei uns erst Mittagspause gemacht wird.

Chikago 5.00

4. Dafür liegt man in Chikago noch im Bett. Da ist es erst fünf Uhr in der Früh und nicht schon sechs. Daran kann man erkennen, wie breit dieses Land ist: Die Sonne braucht nämlich über eine Stunde, allein um von New York nach Chikago zu wandern.

Wertung

Ein richtig entdeckter Zeitfehler

Zwei richtig entdeckte Zeitfehler

Drei richtig entdeckte Zeitfehler

Vier richtig entdeckte Zeitfehler

Über das allgemein bekannte reichlich angespannte Verhältnis zwischen Hund und Katze ist in zahllosen Büchern ausführlich berichtet worden.

Nicht wesentlich anders soll es sich angeblich bei den Beziehungen zwischen Katzen und Vögeln verhalten. Schlimmer sogar, denn im Grunde genommen ist ja die Katze nichts anderes als ein gezähmtes Raubtier, das keine Maus ungeschoren vor sich herumtanzen lassen wird.

Neulich behauptete nun jemand, das alles stimme überhaupt nicht.

Er habe eine Katze und einen Papagei, die mit großem Vergnügen miteinander spielen würden. So tanze zum Beispiel sein Papagei, ohne sich viel dabei zu denken, der Katze sogar auf dem Kopf herum, und sie halte dies für völlig selbstverständlich.

Was meinen Sie dazu?

Ist so etwas absolut möglich?	Oder handelt es sich hier wieder einmal um reine Angeberei?
?	?

Wenn man zu den einen oder anderen Vorgängen nicht viel zu sagen weiß, läßt man am besten Bilder für sich sprechen.

Unter den zahlreichen mir gezeigten „Katze-Papagei-Aufnahmen“ habe ich diese, meiner Meinung nach besonders lustige, für Sie ausgewählt.

Haben Sie solch eine Beziehung für absolut selbstverständlich gehalten, dann bedienen Sie sich bitte.

(Ich wäre diesmal leer ausgegangen.)

Nochmals Deutsche Sprache, schwere Sprache

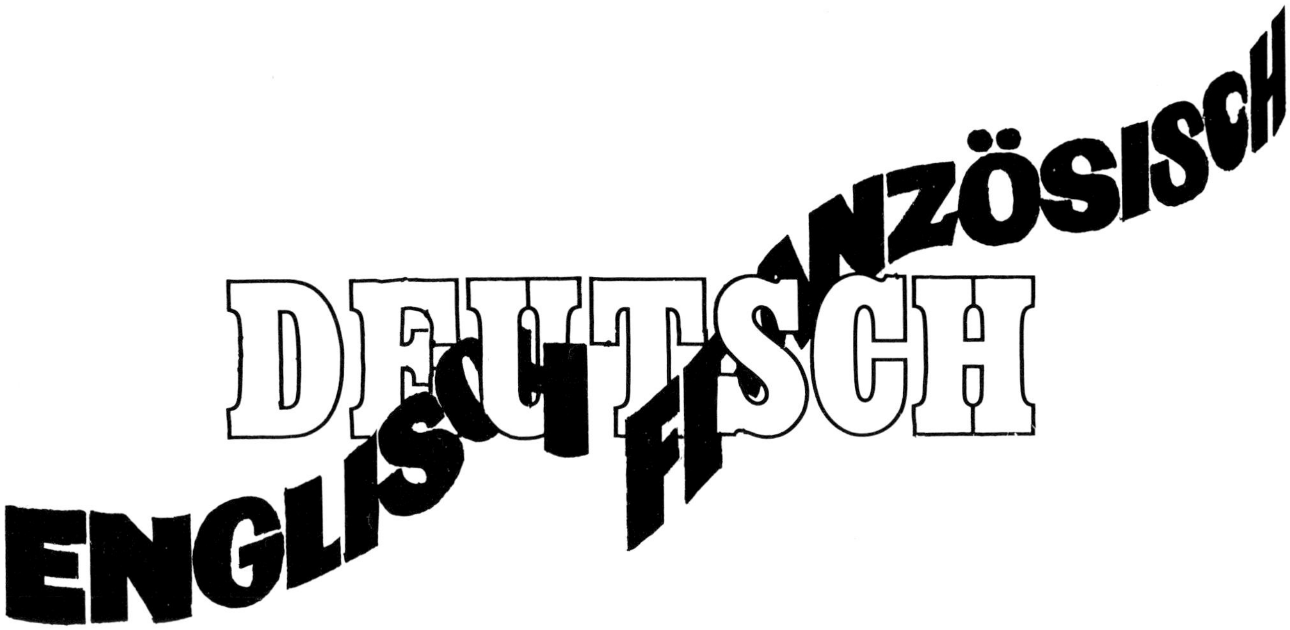

Ursprünglich wollte ich Sie hier lediglich nach der Bedeutung von Wörtern fragen, die Einzug in unseren Sprachbereich genommen haben und hier mit aller Bestimmtheit ihre Stellung behaupten. Man könnte sie Fremdarbeiter im Deutschen nennen, die sich inzwischen naturalisiert haben, also zu Einheimischen, wenn nicht gar nahen Verwandten geworden sind.

Um Ihnen jedoch noch deutlicher zu machen, wie weit dieser Einbürgerungsprozeß fortgeschritten ist — uns fehlen nicht selten zur Schilderung eines Vorgangs die eigenen Worte, und ohne fremde Hilfe wären wir völlig aufgeschmissen —, habe ich hier ohne jegliche literarische Ambition zwei Geschichten verfaßt, in die ich jeweils so an die fünfzig fremde Wörter verpackt habe. In der einen Story gebe ich dem angloamerikanischen Einfluß den Vorzug, die andere ist eine Eloge auf den Sprachschatz unserer französischen Nachbarn.

Nochmals: Der Inhalt der beiden Geschichten ist nicht von Bedeutung. Ich wollte hier keineswegs den Dichter spielen.

Es geht nicht allein darum, daß Sie diese fremdsprachlichen Begriffe weitgehendst herausfinden, also auf Entdeckungsreise gehen. Ich erwarte mehr von Ihnen. Sie sollen einmal den Übersetzer spielen und versuchen, meine Geschichten bestmöglichst zu „verdeutschen", ohne jedoch dabei zu albern zu werden. Im Zweifelsfalle lassen Sie das Fremdwort besser stehen.

„Playboy" mit „Spieljunge" zu übersetzen, geht natürlich. Komischer wäre „Salonlöwe", und „Lebemann" würde ich als Treffer betrachten.

Wie das Ganze dann zu bewerten sein wird, verrate ich Ihnen diesmal ausnahmsweise erst hinterher.

Erste Aufgabe:
Hier handelt es sich um Ihr Englisch.

Ein entscheidender Abend

Johnny und Mary hatten sich die ganze Woche auf diesen Abend gefreut. Jetzt, zu Beginn, waren sie sich etwas uneins, wie sie die wenigen Stunden, die sie frei zu ihrer Verfügung hatten, am besten nutzen sollten. Im Filmpalast lief ein neuer *Western* mit dem vielversprechenden Titel *„Rush Hour"*, aber die Hauptrolle spielte wieder dieser *Playboy* mit geballter Faust und verwaschenen *Blue Jeans*, den sie beide nicht ausstehen konnten. In Wirklichkeit schien es sich dabei auch mehr um ein *Musical* mit zahlreichen *Countrysongs* zu handeln, worauf sie nicht so recht scharf waren. Johnny hatte für alle Fälle eine tolle *Science fiction*-Kassette für seinen *Videorecorder* besorgt, aber Mary fand, dafür hätte sie sich nicht ihre *Hot pants* frisch zu waschen brauchen. Außerdem hatte sie ein nagelneues *T-shirt* an mit einer Reihe von astreinen *Oldtimern* darauf, von den *Producern* zwar mehr *„for men"* konzipiert, aber Mary tat alles, um nicht länger als *Teenager* angesehen zu werden. Mit ihren knappen achtzehn wollte sie bereits als *Twen* gelten.

So blieb ihnen eigentlich nur die *Disco*.

Doch zum Glück lief ihnen da Tom über den Weg, der nach überall hin seine Beziehungen laufen hatte, egal, ob es sich um *Punker* oder *Topmanager* aus den *Jetset*-Kreisen handelte. Einer seiner *best friends* gäbe eine *Grillparty*, ob sie da nicht mitkommen wollten? Tom trug noch seinen *Joggingdress* vom Vormittag, doch das schien ihm nichts auszumachen. Von Beruf war er *Designer* in der Autobranche gewesen. Ein *firstclass Landrover* trug unverkennbar sein *Styling*. Toms *Start* hatte vielversprechend begonnen, doch überraschenderweise war er kurz darauf ausgestiegen. Seitdem trieb er sich vornehmlich in *Bars* und *Pubs* herum. Seine Leidenschaft galt der *Pop*- und *Rockmusik*, gleichgültig ob original oder über *Hifi*-Anlagen. Und vom *Sound* der einzelnen Gruppen verstand er wirklich eine ganze Menge.

Kurz darauf landeten die drei dann im *Luxusbungalow* von Heinz und Emily, wo sich bereits eine ganze Menge unterschiedlichster Leute im Garten beim *Swimmingpool* herumtrieb.

Als erstes genehmigten sie sich drei scharfe *Drinks*. Tom hatte sie ihnen nach seinem ganz speziellen Geschmack *gemixt*. Mit *Whisky*, einer Perlzwiebel aus dem *Mixedpickles*glas und Orangen*juice*.

Heinz war von Beruf Schriftsteller und hatte das große Glück gehabt, gleich hintereinander zwei *Bestseller* auf den Markt zu bringen. Unvorstellbar, wenn man bedenkt, daß er vor drei Jahren noch ein richtiges *Greenhorn* auf diesem Gebiet gewesen war. Nach Schulabschluß war er auf der Suche nach einem *Job* in einem *Tennisshop* gelandet, wo er die tolle Idee hatte, seinen *Boss* dazu zu überreden, auch *Skateboards* in sein Sortiment mit aufzunehmen. Das zog viele Jugendliche an, für die dieser rollende Untersatz zu einem echten *Hobby* geworden war. Mit diesen jungen Leuten war er laufend ins Gespräch gekommen, hatte ihre Probleme und Wünsche kennengelernt und seine Gedanken darüber niedergeschrieben, ohne zunächst zu ahnen, daß daraus ein Buch entstehen könne. Es wurde kurz nach seinem Erscheinen sogar verfilmt, die Titelmusik dazu brachte es für Monate auf den ersten Platz in den *Hit*listen in aller Welt. Über eine Million *Singles* waren davon im Handumdrehen verkauft worden, und Heinz wurde ein berühmter Mann. Tom machte ihn mit Mary bekannt.

Der Rest der *Story* ist nicht ungewöhnlich. Aus einem kleinen *Flirt* wurde *„love"* mit darauffolgender Scheidung (von Emily), Heirat (mit Mary) und drei Kindern (Daisy, Molly und Heinz-Friedrich).

Von neuen Werken von Heinz ist seitdem nichts bekanntgeworden.

Interessant bleibt lediglich die unumstößliche Tatsache, daß Marys Leben einen völlig anderen Verlauf genommen hätte, wenn man an diesem bewußten Abend in dem Kino an der Ecke einen anderen Film gezeigt hätte.

Tom und Johnny leben in einer Wohngemeinschaft zusammen und betreiben gemeinsam ein *Fitnesscenter* am Rande der Stadt.

Sie haben den Ruf, ein ausgezeichnetes *Team* zu sein.

Zweite Aufgabe:
Hier dreht es sich um Ihr Französisch.

Alles Theater

Die *Premiere* der *Boulevardkomödie „Quadrille"* wurde zu einem rauschenden Erfolg. Zu einem echten Erfolg ohne *Claqueure* und ohne jegliche Beeinflussung der Presse seitens der Theaterdirektion.

Noch während der Generalprobe war sich das *Ensemble* darüber strittig gewesen, wie das Ganze ausgehen würde. So hatte *par exemple* der *Bonvivant* mir, dem *Regisseur,* deutlich zu verstehen gegeben, daß er von Anfang an an meiner Arbeit Zweifel gehegt hätte. Beinahe wäre es zu einem *Affront* zwischen uns gekommen. Ich hätte ihm eins in die *Visage* geben können. Nein, wie sich diese *Kanaille* da auf dem *Kanapee* mitten auf der Szene räkelte! (Es war ein Teil der Dekoration.) Aber Mimi, eigentlich eine *Soubrette,* die wir der niedlichen *Chansons* wegen benötigten, nahm für mich heftig Partei. Sie *engagierte* sich geradezu für mich. Natürlich wußte ich, daß gerade dieses *Engagement,* das sie einzig mir verdankte, für sie von besonderer Bedeutung war, denn nahezu zwei Jahre lang war nirgendwo am Theater für sie eine *Position* vorhanden gewesen. In dieser Zeit hätte sie sogar als *Souffleuse* gearbeitet. Aber selbst dazu hatte es nicht gereicht. So mußte sie während dieser Zeit ihren Unterhalt als *Masseuse* verdienen.

Die gesamte andere *Clique* hielt sich natürlich aus allem heraus. Unsere *Heroine,* Frau Louise Laurent de Vries, saß in dem großen *Fauteuil* mir am nächsten, redete jedoch kein Wort. In großer *Toilette* saß sie da und lächelte *charmant* nach beiden Seiten, um hinterher behaupten zu können, sie hätte von Anfang an auf der richtigen Seite gestanden.

Aber was half's. Ich mußte die Charaktere meiner Leute *goutieren,* sie nehmen, wie sie eben waren. So wünschte ich uns allen toi-toi-toi für den Abend. Nur aus der Ecke von Mimi vernahm ich die Spur einer *Resonanz.*

Ein *Komplott* gegen mich schienen sie nicht beschlossen zu haben. Aber sollte es ein Reinfall werden, würden sie bestimmt einzig und allein mir die Schuld an der ganzen *Misere* zuschieben. Dieses Theatervolk war schon eine seltsame *Bagage,* gegen deren Intrigen kein Kraut gewachsen ist. Für mich war jedoch der Umgang mit all diesen *Raffinessen* längst zur *Routine* geworden.

Trotzdem mußte ich versuchen, die Spannung in mir zu verdrängen, mich abzulenken. So entschloß ich mich, in den Nachbarort zu fahren und dort das Spielcasino zu besuchen.

Ich bin alles andere als ein Spieler. Dazu benötigt es *Courage,* die ich einfach nicht habe. Aber das *Roulette* mit seiner *Demimonde-Atmosphäre,* dieses Nebeneinander von Rentnern und *Roués,* von Business und *Mannequins* im *Dekoltée,* geschmückt von Perlen- oder Brillant*colliers,* übte eine eigenartige *Faszination* auf mich aus. Ich liebte schon immer dieses *Flanieren* von Tisch zu Tisch, begleitet vom Murmeln der *Croupiers* und dem Rollen der Kugeln.

Hier gelang es mir, meine Inszenierung aus einer *Distanz* zu betrachten, als hätte ich mit dieser Aufführung nicht das Geringste zu schaffen.

Zum Inhalt hatte diese Komödie lediglich die *frivole* Wiederholung der *Bagatelle,* wie aus einer *Messalliance* bürgerliche Ehepaare werden, nur daß durch bürokratisches Versehen und besondere Umstände zweimal die beiden falschen Paare miteinander getraut werden. Elterlicherseits war da auch tüchtig mit*manipuliert* worden. Dabei hatte man weniger etwas gegen die *Liaison* an sich, als gegen die *extraordinaire* wirtschaftliche *Situation* der einen, beziehungsweise anderen Seite.

Als Hintergrund hatte der Autor eine *Spionageaffäre* mit eingebaut. Nicht dramatisch. Die beiden Agenten waren zwei *Filous comme il faut.* Im trauten *Tête-à-Tête* saßen sie mit den ahnungslosen Bräuten in einem *Chambre separée* zusammen, während draußen die künftigen Ehemänner auf dem *Trottoir* hin- und herliefen, ohne sich zu kennen und zu ahnen, daß der andere Mann in Kürze der Ehegatte der eigenen Braut sein würde.

Inzwischen hatte ich meine ersten Einsätze gewagt und natürlich auf Teufelkommraus verloren.

Da sah ich plötzlich am Nebentisch von hinten ein engverschlungenes Pärchen. Der *Galan* kam mir irgendwie bekannt vor. Natürlich! Es war eines meiner beiden Liebespärchen, das einen *Eklat* verursacht hatte, denn innerhalb von wenigen Minuten hatten sie mehr als Zehntausend gewonnen.

Voilà! La fortune ist wählerisch.

Am Abend, in der Aufführung, waren die beiden jedenfalls „Spitze". Die letzten nur noch hingehauchten Worte der Komödie lauteten: *Adieu, mon chérie!*

Nun zur Bewertung:

Gleichgültig, ob Sie sich nun stärker in Englisch oder Französisch fühlen, eine absolute „Bestleistung" dürfte es in Übersetzungsfragen kaum geben. Über die besseren Worte liegen sich die Gelehrten schon seit Shakespeares Tagen in den Haaren (wenn nicht schon Jahrtausende früher).

Das vernünftigste Kriterium wäre hier gegeben, wenn Sie Ihre Übersetzer-Arbeit einmal in größerem Kreise vorlesen würden.

Mag sein, daß sich Ihre Gäste vor Lachen den Bauch halten müssen.

Das wäre doch ein lautstarker Erfolg.

Oder etwa nicht?

Hierzu fällt mir auch gleich eine hübsche Variante ein:

Sie haben doch bestimmt gelegentlich Party-Gäste im Haus. Statten Sie die einmal mit „Tongebern" aus. Damit meine ich, daß jeder von ihnen so etwas in die Hand bekommt wie eine Klingel, eine Glocke, eine Pfeife oder eine Fliegenklatsche usw. — also alles Dinge, mit denen man sich deutlich bemerkbar machen kann. Dann lesen Sie die beiden Geschichten vor, und wer als erster ein Fremdwort erkennt, gibt sein Signal und liefert dann natürlich auch gleich hinterher eine brauchbare Übertragung dazu. Dafür erhält er zwar kein Kleeblatt-Blatt, aber immerhin einen wohlschmeckenden Punkt.

Ich kann mir vorstellen, daß man sich auf diese Art und Weise recht schön unterhalten kann.

Was nun Ihre persönliche Leistung als Übersetzer angeht, muß ich ein Urteil darüber ausnahmsweise Ihnen selbst überlassen.

Wie schätzen Sie Ihre Arbeit ein?

Englisch:

Wertung		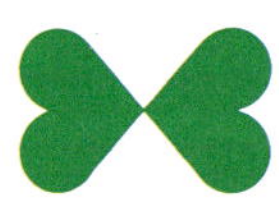		
	Recht ordentlich? (Dabei denke ich so an die 20 gelungenen Worte)	**Gut?** (Hier würde ich sagen: 30 Treffer)	**Sehr gut?** (Hier wären wir schon bei 36 gelandet)	**Prima?** (Und hier bei allem, was über 42 hinausgeht)

Französisch:

Wertung		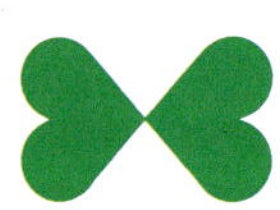		
	Recht ordentlich? (Dabei denke ich so an die 20 gelungenen Worte)	**Gut?** (Hier würde ich sagen: 30 Treffer)	**Sehr gut?** (Hier wären wir schon bei 36 gelandet)	**Prima?** (Und hier bei allem, was über 42 hinausgeht)

Titelfrage

Sie wissen gewiß, von welcher Bedeutung bei uns in Deutschland noch immer Titel sind.

Doch Sie jetzt danach zu fragen, welche Titel einzelne bedeutende Persönlichkeiten trugen oder tragen, oder welche Titel bestimmte Werke großer Autoren haben, will mir nicht so recht behagen.

Was bleibt mir somit anderes übrig — zumal wir uns langsam dem Ende des Buches nähern — als eine (letzte) musikalische Einlage?

Von vier Komponisten — ich bin mir sicher, daß Sie sie größtenteils kennen — habe ich jeweils vier ihrer „Hits" ausgewählt, von denen ich Ihnen allerdings nicht die bekannteste Zeile (den *Titel*), sondern eine darunter oder darüber hier zitiere.

Ihre Aufgabe ist es nun, anhand dieser vier „Textbruchstücke" den einzelnen Komponisten ausfindig zu machen.

Für jeden richtig entdeckten Komponisten erwartet Sie dann ein Kleeblatt-Blatt.

Jeder von ihnen hat „Spitzenschlager" geschrieben, und sollten Sie alle vier richtig identifizieren, werde ich Ihnen mit Vergnügen ein Spitzenkleeblatt „dedizieren".

1. Ein Schiff ist nicht nur für den Hafen da, es muß hinaus, hinaus auf hohe See.
2. Du verliebst jeden Tag dich aufs neu, alle küßt du und bleibst keiner treu.
3. Es gibt so viele auf dieser Welt, ich liebe jeden, der mir gefällt!
4. Der Wind weht von allen Seiten, so laßt den Wind doch weh'n!

9. Was die Wellen dir zärtlich erzählen, klingt so schön wie die schönste Musik.
10. Ich könnte weinen und lachen und lauter Unsinn machen
11. Unsere Welt bleibt so schön, wir wollen immer zueinanderstehn.
12. Wo ist ein Mensch, der mich versteht, so hab ich manchmal voll Sehnsucht gefleht.

5. Niemand weiß, wie es geschah, plötzlich ist sie nicht mehr da.
6. Ich legte jeden Tag ein Ei und sonntags auch mal zwei!
7. Mit zwanzig liebst du nachts den Mondenschein, mit vierzig Sonnenschein, mit sechzig nur den Wein.
8. Und eine kleine Kleinigkeit, die brauch ich noch dazu, und diese große Kleinigkeit bist du, du, du nur du.

13. Und wieder bringt der Tag für uns ein Licht, denn Dunkelheit für immer gibt es nicht.
14. Sie treffen sich täglich um viertel nach drei am Stammtisch im Eck in der Konditorei.
15. Schau nach vorn, nicht zurück, zwingen kann man kein Glück.
16. Ich hab' dir geglaubt, doch es war nur Schein.

Theo Mackeben

1 Die Nacht ist nicht allein zum Schlafen da,
die Nacht ist da, daß was gescheh'.
(Text von Otto Ernst Hesse)

2 Du hast Glück bei den Frau'n, Bel ami!
Soviel Glück bei den Frau'n, Bel ami!
(Text von Hans Fritz Beckmann)

3 Nur nicht aus Liebe weinen,
es gibt auf Erden nicht nur den Einen.
(Text von Hans Fritz Beckmann)

4 Und über uns der Himmel
(Text von Michael Freytag)

Peter Kreuder

5 Eins, zwei, drei, vier, fünf, sechs, sieben!
Wo ist meine Braut geblieben?
(Text von Hans Fritz Beckmann)

6 Ich wollt', ich wär' ein Huhn!
Ich hätt' nicht viel zu tun!
(Text von Hans Fritz Beckmann)

7 Im Leben geht alles vorüber,
auch das Glück,
doch zum Glück auch das Leid!
(Text von Schwenn/Schaeffers)

8 Ich brauche keine Millionen,
mir fehlt kein Pfennig zum Glück
ich brauche weiter nichts
als nur Musik, Musik, Musik!
(Text von Hans Fritz Beckmann)

Wunderschöne Evergreens!
Da geht einem doch so richtig das Herz auf.
Finden Sie nicht auch?

Michael Jary

9 Leise rauscht es am Missouri:
komm' zurück, komm' zurück, komm' zurück.

(Text von Bruno Balz)

10 Mir ist so komisch zumute,
ich ahne und vermute:
Heut' liegt was in der Luft

(Text von Bruno Balz / Curth Flatow)

11 Wir wollen niemals auseinandergehn!
Mag auf der großen Welt
auch noch soviel geschehn

(Text von Bruno Balz / Gloria de Voss)

12 Davon geht die Welt nicht unter,
sieht man sie manchmal auch grau.

(Text von Bruno Balz)

Udo Jürgens

13 Denn immer,
immer wieder geht die Sonne auf

(Text von Udo Jürgens / Thomas Hörbiger)

14 Noch ein Täßchen Kaffee?
Aber bitte mit Sahne!
Noch ein kleines Baiser?
Aber bitte mit Sahne!

(Text von Eckart Hachfeld / Wolfgang Spahr)

15 Merci chérie
für die Stunden

(Text von Michael Kunze)

16 Warum nur, warum
muß alles so sein?

(Text von Udo Jürgens)

Wertung

Für einen Komponisten	Für zwei der Komponisten	Für drei der Komponisten	Für alle Komponisten

Liebe Mädchen und Jungen,

natürlich habe ich Euch in meinem Buch nicht vergessen.

Im Gegenteil.

Ich habe mir für Euch zusätzlich ein paar besondere Geschichten einfallen lassen. Zum Beispiel, was den Straßenverkehr angeht, auf den Seiten 36 bis 38, oder das Kinderlabyrinth auf den Seiten 69 bis 72, dann das Comicfiguren-Quiz auf den Seiten 105 bis 108 oder etwas über das Fährtenlesen auf den Seiten 153 und 154.

Dieser Hinweis erfolgt nicht, weil ich Euch nicht zutraue, „Erwachsenenfragen“ zu lösen. Es wird sogar viele Gelegenheiten geben, bei denen Ihr genau so gut, wenn nicht besser als die Älteren abschneiden werdet. Wahrscheinlich kennt Ihr noch nicht allzuviele Bücher dieser Art, deshalb möchte ich Euch hier so etwas wie eine Gebrauchsanleitung mit auf den Weg geben, damit Ihr wißt, was man alles anstellen muß, um von einem einfachen Kleeblatt-Blatt bis zum Spitzenkleeblatt zu kommen.

Sicherlich habt Ihr bald den Bogen raus, und wenn Ihr mit Eurem Ergebnis zufrieden sei, dann zeigt es stolz den Eltern. Sie werden Euch die Arbeit bestimmt süß lohnen.

Ich würde vorschlagen:

Für jedes Kleeblatt-Blatt ein Bonbon und für das Spitzenkleeblatt eine Tafel Schokolade. Doch am besten macht Ihr das vor Beginn mit Vater oder Mutter aus.

Aber schummeln zählt nicht!

Ein Geheimtip:

Habt Ihr vielleicht ein größeres oder kleineres Lexikon in Eurer Reichweite? Macht es doch genau umgekehrt wie ich.

Ich benötigte zahlreiche Lexika, um meine Aufgaben zusammenzustellen.

Warum solltet Ihr solche Bücher nicht verwenden, um die Aufgaben zu lösen?

Viel Erfolg und viel Spaß dabei

wünscht Euch

Euer

Hans Rosenthal

ENDERGEBNIS

SEITE					
10	Mein Korb mit Blumen				
13	Wieviele Wasserskifahrer kann ein einzelnes Boot gleichzeitig ziehen?				
16	Es war einmal				
23	Um wen handelt es sich?				
25	Märchen-Quiz				
27	Traumhafte Ausflüge				
29	Gibt es einen Hund, der mit Profiausrüstung taucht?				
35	Über den Umgang mit Menschen				
39	Das Spiel mit dem Apfel				
43	Wie hoch ist das Bauwerk?				
46	Gold und Silber				
49	Ein Quiz für Feinschmecker				
55	Namen, die zu Begriffen wurden				
59	Worin und wofür lassen sich Leute aufeinanderstapeln?				
61	Die großen Begleiter				
65	Eine illustre Gesellschaft				
73	Das Krokodil in der Badewanne				
75	Sooooo'n Bart				
79	Noch eine illustre Gesellschaft				
81	Wie hoch ist das kleinste Pferd der Welt?				
84	Ausflüge in die Umwelt von umwälzender Bedeutung				
88	Knopf oder Bonbon?				
92	Wessen Unterschrift ist das wohl?				
95	Die verflixte Sieben				
97	Wie heißt das Pferd?				
99	Klick!				
109	Joi, das Temp'rament				
113	Verschwundene Namen				
115	Der Baum und die Straße				
	ZWISCHENSUMME:				

SEITE					
118	Fließende Musik				
125	Wohlbekömmliches und Zerbrechliches				
129	Eisenbahnwaggons und Zähne				
132	Städte in aller Munde				
135	Alle Vögel sind schon da				
138	Schein und Wirklichkeit				
143	Ich weiß nicht, wer oder was soll das bedeuten				
145	Eine Handvoll Hund				
151	Eine Bären-Arbeit				
153	Welt-Championat der Hunde				
155	Spitze — rein geographisch				
157	Wie viele telefonieren denn da?				
163	Zu Schiff...				
165	Einmal ganz von oben gesehen				
169	Deutsche Sprache, schwere Sprache				
173	Wer oder was sitzt auf dem Motorrad?				
175	Magie				
181	Natur oder Züchtung?				
184	Mein „technisches Klavier“				
189	Andere Länder, andere Zeiten				
193	Katze und Papagei				
195	Nochmals: Deutsche Sprache, schwere Sprache				
199	Titel-Frage				
	ERGEBNIS				
	+ ZWISCHENERGEBNIS				
	GESAMTERGEBNIS				

ENDERGEBNIS FÜR MEINE JUNGEN FREUNDE:

32	Verkehrs-Suchbild für Kinder				
69	Ein Labyrinth für Kinder				
121	Quiz mit Comic-Figuren				
160	Die heiße Spur				
	INSGESAMT				

Für jedes  erhalten Sie ein **STIEFMÜTTERCHEN**

Für jedes  erhalten Sie eine **MARGERITE**

Für jedes  erhalten Sie eine **TULPE**

Für jedes  erhalten Sie eine **ROSE**

Insgesamt

☐ Stiefmütterchen ☐ Margeriten ☐ Tulpen und ☐ Rosen.

Auf den nächsten beiden Seiten — einem wahren Rosental — gebe ich Ihnen die Gelegenheit, die Farben Ihrer gewonnenen Blumen auszumalen.

Es freut mich,

daß ich Sie durch dieses Bilder-Quizbuch begleiten durfte. Hoffentlich hatten Sie Spaß beim Lösen der Aufgaben — ich bin auch sicher, Sie werden das eine oder andere Spiel oder Bild im Familien- bzw. Freundeskreis zur Unterhaltung gut verwenden können.

Sie werden gemerkt haben, vieles aus meinem Buch eignet sich für Fernseh-Quizspiele (wer weiß?) — wie auch umgekehrt manche Fernsehrunde, etwas variiert, in den 200 Seiten Aufnahme fand. Die Zuschauer und hier die Leser gut zu unterhalten, ist mein Anliegen, den Alltag mal ein wenig vergessen zu machen, war mein Ziel — ich hoffe, wir haben es gemeinsam erreicht.

In dem Wunsch, daß Sie möglichst viele Kleeblätter gewinnen konnten und damit auch in Zukunft viel Glück haben mögen (wir sind natürlich nicht abergläubisch), besteht am Ende aller Fragen und Spiele mein Glückwunsch in den anerkennenden Worten:

Sie sind Spitze!

Ich entlasse Sie aus dem vergnüglichen und „anstrengenden“ Nachdenken mit einem besonders herzlichen Dankeschön.

Ihr Hans Rosenthal